BUDA

BUDA

sua vida, seus ensinamentos
e o impacto de sua presença na humanidade

OSHO

Tradução: Leonardo Freire

Editora
Cultrix
SÃO PAULO

Título original: *Buddha – his life and teachings and impact on humanity*.
Copyright © Alexian Limited 2011.
Texto © 1988, 2004 OSHO International Foundation Switzerland
www.osho.com/copyrights.
Copyright da edição brasileira © 2011 Editora Pensamento-Cultrix Ltda.

Texto de acordo com as novas regras ortográficas da língua portuguesa.
1ª edição 2011.
2ª reimpressão 2017.

Todos os direitos reservados. Nenhuma parte deste livro pode ser reproduzida ou usada de qualquer forma ou por qualquer meio, eletrônico ou mecânico, inclusive fotocópias, gravações ou sistema de armazenamento em banco de dados, sem permissão por escrito do proprietário.

Os textos contidos neste livro foram selecionados de vários discursos que Osho proferiu ao público durante mais de trinta anos. Todos os discursos foram publicados na íntegra em forma de livros, e estão disponíveis também na língua original em áudio. As gravações de áudio e os arquivosdos textos em língua original podem ser encontrados via online no site www.osho.com. OSHO é uma marca registrada da Osho International Foundation, www.osho.com/trademarks.

OSHO é uma marca registrada da Osho International Foundation, usada com a devida permissão e licença.

Agradecimentos referentes à reprodução das imagens.
Exceto quando indicado, todas as imagens pertencem ao Osho International Foundation Archive.

Os editores agradecem a Leonard de Selva/Corbis por permitir a reprodução da imagem da p. 23.

Impresso na Malásia por Imago.

Dados Internacionais de Catalogação na Publicação (CIP)
(Câmara Brasileira do Livro, SP, Brasil)

Osho, 1931-1990.
 Buda : sua vida, seus ensinamentos e o impacto de sua presença na humanidade / Osho ; tradução Leonardo Freire. – 1. ed. – São Paulo : Cultrix, 2011.

 Título original: Buddha : his life and teachings and impact on humanity.
 ISBN 978-85-316-1151-3

 1. Buda – Ensinamentos 2. Budismo – Doutrinas 3. Espiritualidade I. Título.

11-08334   CDD-294.342

Índice para catálogo sistemático:
1. Buda: Ensinamentos: Doutrinas budistas   294.342

Direitos de tradução para o Brasil adquiridos com exclusividade pela
EDITORA PENSAMENTO-CULTRIX LTDA., que se reserva a
propriedade literária desta tradução.
Rua Dr. Mário Vicente, 368 – 04270-000 – São Paulo, SP
Fone: (11) 2066-9000 – Fax: (11) 2066-9008
http://www.editoracultrix.com.br
E-mail: atendimento@editoracultrix.com.br
Foi feito o depósito legal.

sumário

introdução   6

parte um
o nascimento de um imperador   20

a vinda de buda   22

amadurecimento   30

despertar em bodhgaya   34

parte dois
a vida de buda   38

em busca da iluminação   40

sermões em silêncio   44

o guerreiro pacífico   56

médico da alma   64

o último experimento   72

parte três
os ensinamentos   76

"eu ouvi dizer"   78

o grande barco, o pequeno barco   80

aceitação daquilo que é   84

o caminho do meio   92

correta atenção   98

via negativa   108

a religião sem religião   118

apagando a vela   138

sobre o autor   144

introdução

O nome pessoal de Gautama Buda era Sidarta. Gautama era seu nome de família, então seu nome completo era Gautama Sidarta. Buda não é o nome dele, mas o seu despertar. Buda significa simplesmente "aquele que está desperto". Gautama Buda é a pessoa desperta mais famosa, mas isso não significa que seja a única. Houve muitos budas antes e depois dele e, como toda pessoa pode se tornar um buda, novos budas surgirão no futuro. Porque todos têm o potencial... é só uma questão de esperar a época certa. Algum dia, torturado pela realidade exterior, desesperado por ter visto tudo e não ter encontrado nada, inevitavelmente você se voltará para dentro.

introdução 7

A palavra *buda* significa "inteligência desperta". A palavra *buddhi*, intelecto, também tem a mesma raiz. A raiz *budh* tem muitas dimensões, e não existe uma única palavra em inglês que possa traduzi-la. Ela tem muitas implicações; é muito fluida e poética. Em nenhuma outra língua existe uma palavra como *budh*, com tantos significados. Existem pelo menos cinco significados para a palavra *budh*.

O primeiro é despertar, despertar a si mesmo e despertar os outros, estar desperto. Como tal, a palavra é oposta a estar dormindo, a estar no cochilo da ilusão do qual o iluminado desperta como de um sonho. Este é o primeiro significado de inteligência, de *budh*: criar um despertar em você.

Normalmente as pessoas estão dormindo. Mesmo quando você acha que está desperto, você não está. Ao caminhar na rua, em sua mente você está inteiramente acordado. Mas da perspectiva de um buda, você está dormindo profundamente, pois mil e um sonhos e pensamentos estão bradando dentro de você. Sua luz interior está muito anuviada, ela é uma espécie de sono. Sim, seus olhos estão abertos, obviamente, mas as pessoas podem caminhar com os olhos abertos no sonho e no sono. E Buda diz que você também está caminhando com os olhos abertos no sono.

Seu olho interior não está aberto; você ainda não sabe quem você é, ainda não investigou sua própria realidade. Você não está desperto; uma mente repleta de pensamentos não está desperta, não pode estar. Apenas a mente que abandonou os pensamentos e o pensar, que dispersou as nuvens – o sol está brilhando e o céu está completamente sem nuvens –, é uma mente com inteligência, desperta.

Inteligência é a capacidade de estar no presente. Quanto mais você está no passado ou no futuro, menos inteligente você é. Inteligência é a capacidade de estar aqui e agora, de estar neste momento e em nenhum outro lugar. Então você está desperto.

Por exemplo, você está numa casa e de repente ela pega fogo e sua vida fica em perigo. Então, por um momento, você estará desperto, e nesse momento você não terá muitos pensamentos, nesse momento se esquecerá de todo o seu passado, nesse momento não estará ouvindo o clamor das suas lembranças psicológicas: que você amou uma mulher há trinta anos, e, cara, foi demais! Ou num outro dia você foi a um restaurante chinês e ainda está sentindo o paladar e o aroma da comida que acabou de sair do fogo. Você não terá esses pensamentos. Não, quando sua casa está pegando fogo, você não pode se dar ao luxo de ter esses tipos de pensamento. Subitamente você correrá para este momento: a casa está pegando fogo e sua vida está em perigo. Você não sonhará com o futuro, com o que fará amanhã. O amanhã deixa de ser relevante, o ontem deixa de ser relevante, mesmo o hoje deixa de ser relevante! Apenas este momento, esta fração de segundo.

Esse é o primeiro significado de *budh*, de inteligência. Então há grandes revelações. A pessoa que realmente deseja estar desperta, realmente deseja ser um buda, precisa viver cada momento com tamanha intensidade como apenas raramente ela vive; raramente, quando está passando por algum perigo. O primeiro significado é o contrário de dormir. E, naturalmente, você só pode perceber a realidade quando não está dormindo. Somente quando está desperto você pode encará-la, pode olhar fundo nos olhos da verdade – ou pode chamá-la de "Deus". Você entende a importância da intensidade, a importância de estar em chamas? Quando você está completamente desperto, existe discernimento, e esse discernimento traz a liberdade, traz a verdade.

O segundo significado de *budh* é reconhecer, tornar-se consciente, familiarizado; notar, prestar atenção. Assim, buda é aquele que reconheceu o falso como falso e abriu os olhos para o verdadeiro, reconhecendo-o como verdadeiro. Perceber o falso como falso é o começo do entendimento do que é verdade. Somente quando percebe o que é falso, você pode perceber o que é verdade. Se você quiser conhecer a verdade, não poderá continuar a viver de ilusões, não poderá continuar a viver com base em suas crenças, não poderá continuar a viver com seus preconceitos. O falso precisa ser reconhecido como falso. Este é o segundo significado de *budh*: o reconhecimento do falso como falso, do não verdadeiro como não verdadeiro.

Por exemplo, você acredita em Deus, nasceu cristão, hindu ou muçulmano, ensinaram-lhe que Deus existe e fizeram com que você tivesse medo de Deus – se não acreditar nele, você sofrerá, será castigado. Deus é muito feroz, ele nunca o perdoará. O Deus judeu diz: "Sou um Deus muito ciumento. Venere apenas a mim e a mais ninguém!" O Deus muçulmano diz a mesma coisa: "Existe apenas um Deus e nenhum outro; existe apenas um profeta de Deus, Maomé, e nenhum outro!"

Esse condicionamento pode ficar tão incutido em você que poderá subsistir mesmo que você comece a desacreditar de Deus.

Você foi educado para acreditar em Deus, e você acreditou. Essa é uma crença. Se Deus realmente existe ou não, isso nada tem a ver com a sua crença. A verdade nada tem a ver com a sua crença! Para a verdade, não faz nenhuma diferença se você acredita ou não, mas se você acredita em Deus, continuará vendo Deus – ou pelo menos achando que o vê. Se você não acredita em Deus, essa descrença em Deus o impedirá de saber. Todas as crenças o impedem, pois se tornam preconceitos à sua volta, capas de pensamentos, o que Buda chama de *avarnas*.

A pessoa de inteligência não acredita em coisa nenhuma e não *des*acredita de coisa nenhuma. Ela está simplesmente aberta para reconhecer seja lá o que for. Se Deus existir, ela reconhecerá, mas não de acordo com a sua crença, pois ela não tem crença.

A verdade só pode surgir numa inteligência que não acredita. Quando já acredita, você não deixa nenhum espaço para que a verdade venha até você; seu preconceito ocupa o espaço, já está no trono. Você não consegue perceber algo que vá contra a sua crença; você ficará com medo, ficará cheio de dúvidas, começará a tremer. Você investiu muito em sua crença, muita vida, muito tempo, muitas preces, cinco preces por dia. A pessoa pode ter alimentado sua crença por cinquenta anos, e agora, subitamente, como ela pode reconhecer o fato de que Deus não existe? A pessoa pode ter devotado toda a sua vida ao comunismo, acreditando que Deus não existe; se Deus aparecer, como ela poderá vê-lo? Ela continuará evitando.

Não estou dizendo que Deus existe ou que não existe. O que estou dizendo é algo relacionado com você, e não com Deus. É preciso uma mente sem barreiras, uma inteligência que não se apegue a nenhuma crença, e então você será como um espelho: refletirá aquilo que é e não o distorcerá.

Esse é o segundo significado de *budh*. A pessoa inteligente não é comunista nem católica. Ela não acredita e também não desacredita; essa não é a sua maneira de ser. Ela investiga a vida, e tudo o que estiver presente ela estará pronta para perceber. Ela não tem barreiras à sua visão; sua visão é transparente. Somente essas poucas pessoas chegam à verdade.

O terceiro significado da raiz *budh*, inteligência, é saber, entender. Buda conhece aquilo que é, entende aquilo que é, e nesse próprio entendimento ele se livra de toda escravidão. *Budh* significa saber no sentido de entender, e não no sentido de acumular conhecimento intelectual. Buda não é um intelectual. A pessoa inteligente não se importa muito com informação e conhecimento; ela se importa muito mais com a capacidade de saber. Seu interesse real e autêntico está no saber, e não no conhecimento intelectual.

O saber lhe dá entendimento; o conhecimento intelectual lhe dá apenas uma sensação de entendimento sem lhe dar o entendimento verdadeiro. O conhecimento intelectual é uma moeda falsa, é ilusório. Ele apenas lhe dá a sensação de que você sabe, mas você absolutamente não sabe. Você pode ficar acumulando conhecimento tanto quanto quiser, pode ficar armazenando e se tornar extremamente culto. Pode escrever livros, ter títulos, fazer mestrado e doutorado, mas ainda assim continuará sendo a mesma pessoa ignorante e burra que sempre foi. Esses títulos não o mudam, não *podem* mudá-lo. Na verdade, sua burrice fica ainda maior; agora ela tem títulos! Ela pode se autoafirmar por meio de certificados; não pode se autoafirmar por meio da vida, mas pode fazer isso por meio de certificados. Ela não pode provar nada de nenhuma outra maneira, mas carregará títulos, certificados, o reconhecimento da sociedade. As pessoas acham que você sabe, e você também acha que sabe.

Você não percebeu isto? As pessoas consideradas muito cultas são tão ignorantes quanto todo mundo, às vezes mais ignorantes. É muito raro encontrar pessoas inteligentes no mundo acadêmico, muito raro. Eu estive no mundo acadêmico e digo isso pela minha própria experiência. Vi trabalhadores rurais inteligentes, mas não vi professores inteligentes; vi cortadores de lenha inteligentes, mas não vi professores inteligentes. Por quê? O que houve de errado com essas pessoas?

Uma coisa deu errado: elas podem viver à custa do conhecimento intelectual. Não precisam saber, podem depender do conhecimento intelectual. Elas encontraram uma maneira de segunda mão; a de primeira mão precisa de coragem, e apenas alguns têm condições de ter a de primeira mão, o saber. Esses são os aventureiros, aqueles que vão além do caminho corriqueiro onde caminha a multidão, aqueles que seguem pequenas trilhas na floresta do incognoscível. O perigo é que eles podem se perder; o risco é muito grande. Se você pode ter conhecimento de segunda mão, por que se preocupar? Você pode simplesmente ficar sentado em sua cadeira; pode ir à biblioteca ou à universidade e juntar informações, fazer uma grande pilha de informações e se sentar sobre ela.

Por meio do conhecimento intelectual sua memória fica cada vez maior, mas sua inteligência não fica maior. Às vezes acontece: quando você não sabe muito, quando não é muito culto, tem de ser inteligente.

Eu ouvi dizer...

Uma mulher comprou uma lata de frutas em calda, mas não conseguiu abri-la. Então ela correu para sua estante de livros para ver se achava, no livro de culinária, instruções de como abrir latas. Depois de achar essas instruções, voltou para a cozinha pronta para abrir a lata, mas a empregada já a tinha aberto.

A patroa perguntou: "Mas como você conseguiu?"

E a empregada respondeu: "Madame, quando a gente não sabe ler, precisa usar a cabeça".

É, é assim que acontece! É por isso que trabalhadores rurais, jardineiros e cortadores de lenha analfabetos são mais inteligentes e têm uma espécie de frescor à volta deles. Eles não sabem ler, então precisam usar a cabeça. A pessoa precisa viver e tem de usar a própria mente.

O terceiro significado de *budh* é saber, no sentido de entender. Um buda percebe aquilo que é, entende aquilo que é, e nesse próprio entendimento ele se livra de toda escravidão.

O que isso significa? Se você deseja se livrar do medo, terá de entender o medo. Mas se deseja evitar o fato de que o medo está presente, de que o medo da morte está presente... se você está com medo por dentro, terá de criar algo forte à sua volta, como uma concha dura, para que ninguém venha a saber que você está com medo. E esse não é o único ponto; por causa dessa concha dura, você também não saberá que está com medo. Ela o protegerá dos outros e o protegerá da sua própria compreensão.

Uma pessoa inteligente não foge de nenhum fato. Se for medo, ela o investigará, porque só é possível livrar-se dele investigando-o. Se ela sentir o medo e o tremor surgindo em si, deixará tudo o mais de lado: primeiro esse medo precisa ser transposto. Ela o investigará, tentará entendê-lo e não tentará descobrir como não ficar com medo; ela não levantará essa questão e fará apenas uma pergunta: "Que medo é esse? Ele está presente, é parte de mim, é minha realidade. Preciso investigá-lo, preciso entendê-lo. Se eu não o entender, então

uma parte de mim ficará para sempre desconhecida, e como saberei quem eu sou se fico evitando partes de mim? Assim não entenderei o medo, a morte, a raiva, meu ódio, meu ciúme, isso e aquilo..."

Então como você conhecerá a si mesmo? Todas essas coisas são você! Esse é o seu ser, e você precisa penetrar em tudo o que existe, em cada recanto. Você precisa investigar o medo; mesmo se estiver tremendo, não há com o que se preocupar, trema, mas vá em frente. É muito melhor tremer do que fugir, porque, se fugir, essa parte permanecerá desconhecida para você e você ficará cada vez com mais medo de olhar para ela, pois esse medo continuará a se acumular e ficará cada vez maior, se você não investigá-lo agora, neste momento. Amanhã ele terá vivido mais 24 horas. Tome cuidado! Ele desenvolverá mais raízes em você, terá uma folhagem mais espessa, ficará mais forte e então ficará mais difícil detê-lo. É melhor começar agora mesmo; já é tarde.

Investigue-o e perceba-o... e perceber significa não ter preconceito, significa não condenar o medo como algo ruim logo de início. Quem sabe? Talvez ele não seja ruim, e quem pode dizer que ele é ruim? A pessoa que investiga precisa estar aberta a todas as possibilidades; ela não pode se dar ao luxo de ter uma mente fechada. A investigação não anda de mãos dadas com uma mente fechada. A pessoa irá ao encontro do medo; se ele trouxer sofrimento e dor, ela sentirá a dor, mas irá ao encontro dele. Trêmula, hesitante, mas irá: "Este é o meu território, preciso saber como ele é. Talvez ele esteja guardando algum tesouro para mim, talvez o medo esteja ali apenas para proteger o tesouro".

Esta é a minha experiência, o meu entendimento: se você mergulhar fundo em seu medo, encontrará amor. É o que acontece quando você está amando, o medo desaparece. E quando você está com medo, não pode estar amando. O que isso significa? Uma simples aritmética: medo e amor não existem juntos. Isso significa que deve ser a mesma energia que se torna medo; então nada sobra para se tornar amor. Ou ela se torna amor; então nada sobra para se tornar medo.

Investigue tudo o que for negativo e você encontrará o positivo. E ao conhecer o negativo e o positivo, o terceiro, o supremo, o transcendental acontece. Esse é o significado do entendimento, *budh*, inteligência.

O quarto significado é ser iluminado e iluminar. Buda é a luz, tornou-se a luz. E desde que é a luz, que se tornou a luz, ele também mostra a luz para os outros – de forma natural, evidente. Ele é iluminação; sua escuridão desapareceu, sua chama interior está brilhando, e ela não tem fumaça. Esse significado é oposto à escuridão e à correspondente cegueira e ignorância. Este é o quarto significado: tornar-se luz, tornar-se iluminado.

Normalmente, você é escuridão, um continente de escuridão, um continente sombrio, inexplorado. O ser humano é um pouco estranho: ele insiste em explorar o Himalaia, o Pacífico, em chegar à lua, a Marte. Há apenas uma coisa que ele nunca tenta: explorar seu ser interior. O ser humano pousou na lua, mas ainda não pousou em seu próprio ser. Isso é estranho. Talvez pousar na lua seja apenas uma fuga, ir para o Everest seja apenas uma fuga. Talvez ele não queira investigar a si mesmo por estar com muito medo. Então, para se sentir bem, ele substitui isso por alguma outra exploração; do contrário, ele ficará com culpa. Você começa a escalar uma montanha e se sente bem, e a maior montanha está dentro de você e ainda não foi escalada! Você começa a mergulhar fundo no Pacífico, e o maior Pacífico está dentro de você, desconhecido e não mapeado. E você começa a ir para a lua... que tolice! Ao ir para a lua, você está desperdiçando sua energia, e a lua verdadeira está dentro de você, pois a luz verdadeira está dentro de você.

A pessoa inteligente primeiro irá para dentro de si. Antes de ir a qualquer outro lugar, ela penetrará em seu próprio ser. Essa é a primeira coisa e deveria ter preferência. Você poderá ir a qualquer outro lugar somente quando tiver conhecido a si mesmo. Então, para onde você for, haverá um estado de graça à sua volta, uma paz, um silêncio, uma celebração.

Assim, o quarto significado é ser iluminado. A inteligência é a centelha. Se ela receber ajuda e cooperação, poderá se tornar o fogo, a luz e o calor. Ela pode se tornar luz, pode se tornar vida, pode se tornar amor; tudo isso está incluído na palavra *iluminação*. Uma pessoa iluminada não tem recantos escuros em seu ser, tudo é como a manhã: o sol está no horizonte, e a escuridão, a melancolia e as sombras da noite desapareceram. A terra está novamente desperta. Ser buda é atingir uma manhã, um alvorecer dentro de você. Essa é a função da inteligência, a função suprema.

O quinto significado de *budh* é aprofundar. Há uma profundidade em você, uma profundidade sem fim que precisa ser explorada. Ou o quinto significado pode ser penetrar, abandonar tudo o que obstrui e penetrar na essência do seu ser.

As pessoas tentam penetrar em muitas coisas na vida. Sua ânsia, seu grande desejo de sexo nada mais é do que um tipo de penetração. Mas essa é uma penetração no outro. A mesma penetração precisa acontecer em seu próprio ser; você precisa penetrar em si mesmo. Se você penetrar em alguma outra pessoa, isso poderá lhe dar um vislumbre momentâneo, mas se penetrar em si mesmo, poderá atingir o orgasmo cósmico e universal que permanece para sempre.

Um homem encontra uma mulher exterior, uma mulher encontra um homem exterior, mas esse é um encontro muito superficial, embora significativo, embora traga momentos de alegria. Quando a mulher interior encontra o homem interior... E você está carregando ambos dentro de si: uma parte sua é feminina, outra parte sua é masculina. Não importa se você é homem ou mulher; todo mundo é bissexual. O quinto significado da raiz *budh* significa penetração. Quando seu homem interior penetra em sua mulher interior, há um encontro; você se torna inteiro, um só. Então desaparecem todos os desejos pelo exterior, e nessa ausência de desejo está a liberdade, o nirvana.

O caminho de Buda é o caminho de *budh*. Lembre-se de que "Buda" não é o nome de Gautama Buda, mas o estado que ele atingiu. Seu nome era Gautama Sidarta. Um dia ele se tornou Buda, um dia seu *bodhi*, sua inteligência, desabrochou. "Buda" significa exatamente o que "Cristo" significa. O nome de Jesus não é Cristo; este é o florescimento supremo que aconteceu a ele. E assim é com Buda. Houve muitos outros budas além de Gautama Sidarta.

Todos têm a capacidade de *budh*. Mas *budh*, essa capacidade de perceber, é como uma semente em você: se ela brota, torna-se uma grande árvore, floresce, começa a dançar no céu, começa a sussurrar para as estrelas, você é um buda.

O caminho de Buda é o caminho da inteligência. Ele não é um caminho emocional, não, de maneira nenhuma. Não que pessoas emotivas não possam chegar lá;

há outros caminhos para elas, como o caminho da devoção, a *Bhakti Yoga*. O caminho de Buda é pura *Gyan Yoga*, o caminho do saber, da meditação, e não do amor.

O intelecto precisa ser usado, e não descartado; ele precisa ser transcendido, e não descartado. Ele pode ser transcendido apenas quando você alcançar o degrau mais elevado da escada. Você precisa continuar a crescer em inteligência, até que chega um momento em que a inteligência fez tudo o que podia fazer. Nesse momento, diga adeus à inteligência. Ela o ajudou num longo percurso, levou-o longe o bastante, foi um bom veículo; ela foi um barco no qual você cruzou a corrente e chegou à outra margem. Então você deixa o barco; não o carrega sobre a cabeça – isso seria tolice.

O caminho de Buda passa pela inteligência, mas vai além dela. Chegará um momento em que a inteligência já terá lhe dado tudo o que ela podia dar e, portanto, deixará de ser necessária. Então, finalmente, você também a abandona; o trabalho dela está encerrado. A doença se foi, e agora esse remédio também precisa ser deixado de lado. E somente quando você está livre da doença e também do remédio, você é livre de fato. Às vezes acontece de a doença desaparecer, mas agora você está viciado no remédio. Isso não é liberdade. Um espinho está cravado no seu pé e está doendo; você pega outro espinho para tirar aquele que está no pé e, quando você o tira, joga fora os dois; você não guarda aquele que serviu de ajuda, pois agora ele não é mais necessário.

O trabalho da inteligência é o de ajudá-lo a ficar ciente de seu ser. Depois que esse trabalho está feito e seu ser está presente, não há mais necessidade desse instrumento. Você pode dizer adeus, pode agradecer. O caminho de Buda é o caminho da inteligência, pura inteligência, embora vá além dela.

PARTE UM

o nascimento de um
imperador

Essas belas metáforas precisam ser entendidas com grande receptividade, com muita intuição, com amor, poesia, e não com lógica; do contrário, você as destruirá, as matará.

a vinda de buda

Toda pessoa nasce para ser um buda, toda pessoa tem a semente do estado búdico dentro de si. Se você olhar para as massas, isso não parecerá verdadeiro. Se fosse verdadeiro, haveria muitos budas, mas raramente se ouve falar de um. Apenas sabemos que, em algum lugar, 25 séculos atrás, um certo Gautama Sidarta se tornou Buda. Quem sabe se isso foi verdade ou não? Pode ser apenas um mito, uma bela história, um consolo, um ópio para as massas a fim de mantê-las com esperança de que um dia também se tornarão budas. Quem sabe se Buda é mesmo uma realidade histórica?

TANTAS HISTÓRIAS foram inventadas sobre Buda que ele parece mais uma figura mitológica do que uma realidade. Quando ele se iluminou, deuses vieram do paraíso tocando belas músicas e dançando à sua volta. Ora, como isso pode ser histórico? Flores caíram do céu sobre ele, flores de ouro, de prata, de diamantes e de esmeraldas. Quem pode acreditar que isso é histórico?

É verdade que isso não é histórico, eu concordo. Isso é poesia, mas simboliza algo histórico, porque algo tão singular aconteceu com Buda que não há outra maneira de descrevê-lo a não ser usando poesia. Flores de verdade não caíram sobre Buda, mas sempre que alguém se ilumina, toda a existência festeja, pois não estamos separados dela. Quando você tem uma dor de cabeça, todo o seu corpo sofre, e quando a dor de cabeça acaba, todo o seu corpo se sente bem, sente bem-estar. Não estamos separados da existência. E até você ser um buda, você é uma dor de cabeça para si mesmo, para os outros e para toda a existência. Você é um espinho na carne da existência. Quando a dor de cabeça desaparece, quando o espinho se torna uma flor, quando uma pessoa se torna um buda, desaparece uma grande dor criada para ela mesma e para os outros.

Certamente toda a existência festeja, dança, canta; eu garanto isso, dou testemunho disso. Mas como descrever a iluminação? Não se trata de algo visível, não se podem tirar fotografias. Daí a poesia, daí essas metáforas, esses símbolos, essas alegorias.

Conta-se que a mãe de Buda morreu logo depois do nascimento do filho. Este pode ser ou não um fato histórico, mas minha impressão é a de que não é um fato histórico porque, quando um buda nasce, conta-se que a mãe morre logo em seguida. Isso não é verdade. Houve muitos budas, e a mãe de Jesus não morreu, a mãe de Mahavira não morreu, a mãe de Krishna não morreu. Talvez a mãe de Gautama Sidarta tenha morrido, mas não se pode dizer que a mãe sempre morre quando um buda nasce, não historicamente.

Mas sei que isso tem algum significado próprio e que não se trata de algo histórico. Por "mãe" não se quer realmente dizer mãe, mas todo o seu passado. Quando você se torna um buda, você renasce; todo o seu passado funciona como um útero, como a mãe. No momento em que um buda nasce, no momento em que você se ilumina, todo o seu passado morre. Essa morte é necessária. Ora, isso é absolutamente verdadeiro, aconteceu com Mahavira, com Krishna, com Jesus... isso sempre acontece. Para comunicar isso, conta-se que a mãe de um buda sempre morre logo depois do nascimento do filho. Você precisará ser bastante receptivo para entender essas coisas.

Ao observar a maior parte da humanidade, posso entender que é difícil perceber que existe uma possibilidade de todo ser humano se tornar um cristo ou um buda. Ao olhar para a semente, você pode acreditar que um dia ela se tornará um lótus? Apenas ao olhar para a semente, ao dissecá-la, você é capaz de concluir que essa semente irá se tornar um lótus? Parece não haver nenhuma relação. A semente não parece com nada e, quando ela é dissecada, nada é encontrado, apenas o vazio. Ainda assim, toda semente carrega um lótus dentro de si e toda pessoa carrega um buda dentro de si.

Quando Buda nasceu, conta-se que um grande sábio, muito velho, com 120 anos de idade, imediatamente desceu do Himalaia. Seus discípulos perguntaram: "Aonde você está indo?" Ele corria! Eles raramente o viam caminhar, pois ele era muito velho. E ele não lhes respondeu, pois não havia tempo. Simplesmente disse: "Não tenho tempo para responder".

INOCÊNCIA ILUMINADA

Conta-se que Gautama Buda nasceu enquanto sua mãe estava em pé sob uma árvore Saal. E não somente isso, ele nasceu em pé, e a primeira coisa que fez foi dar sete passos à frente da mãe e declarar para o universo: "Sou a pessoa mais iluminada que já existiu".

Na verdade, todo recém-nascido, se pudesse, diria a mesma coisa: "Sou iluminado". Se todo recém-nascido pudesse caminhar, ele daria sete passos e declararia ao mundo inteiro: "Sou a pessoa mais iluminada, sou único".

Talvez a história seja simplesmente uma maneira simbólica de reconhecer a inocência de toda criança como sua iluminação, como sua experiência suprema.

Os discípulos o seguiram, e o velho sábio desceu para as planícies. Buda nasceu muito perto do Himalaia, na fronteira entre a Índia e o Nepal. O velho foi imediatamente para o palácio do rei, e este não pôde acreditar em seus olhos, pois esse homem nunca ia a lugar nenhum; por pelo menos cinquenta anos ele vivera na mesma caverna. O pai de Buda não pôde acreditar. Ele tocou os pés do homem e perguntou: "Por que você veio, o que aconteceu?"

E o velho respondeu: "Não tenho muito tempo, porque minha morte está se aproximando. Foi por isso que precisei correr. Onde está o seu filho? Vim vê-lo!"

Buda tinha apenas um dia de vida. No momento em que ele nasceu, o velho começou a correr, e levou 24 horas para ele chegar às planícies. O rei não pôde acreditar, pois esse velho era muito famoso, um Mestre dos Mestres. Por que ele estaria interessado em seu filho?

A criança foi trazida imediatamente, e o velho, com 120 anos de idade, tocou os pés de Buda e começou a chorar. O pai ficou perplexo, a mãe ficou chocada: "Por que ele está chorando? Há alguma coisa errada?" Eles lhe perguntaram: "Por que você está chorando? A criança não vai sobreviver? Ou vai haver alguma calamidade? Diga sem rodeios, por que você está chorando?"

Ele respondeu: "Não, não estou chorando por causa de alguma calamidade. Estou chorando de alegria, pois eu vi, e também estou chorando porque não viverei para ver o pleno florescimento deste homem. Eu o vi apenas em botão, mas mesmo isso já é demais, ver um buda em botão. Estou chorando de alegria, porque um deus nasceu para vocês! E também estou chorando de tristeza, porque não poderei vê-lo crescer; meus dias estão contados. Logo deixarei o meu corpo e não poderei ver que flores ele trará ao mundo, que fragrância ele trará ao mundo. Milhões e milhões de pessoas se iluminarão por causa dele. Ele trouxe uma luz, trouxe uma revolução para o mundo... Mas não se preocupem; fiquem felizes, festejem!"

Ora, essas são parábolas. Isso pode não ter acontecido historicamente, mas a História absolutamente não é a nossa preocupação. Nossa preocupação está em algo mais importante, algo mais essencial, algo mais eterno. A História é apenas uma sucessão de eventos no tempo. Mesmo que não tenha acontecido historicamente, isso não importa; a parábola é bela: um santo de 120 anos de idade se curvando diante de um buda de um dia de vida. A idade não importa; a consciência não tem idade. As formalidades habituais precisam ser abandonadas; o velho tocando os pés de uma criança, de uma criança de um dia de vida, e chorando de alegria. Os que entendem sempre choram de alegria quando percebem algo de imenso valor acontecendo no mundo.

Mas muito poucos serão capazes de perceber; mesmo o pai não percebeu, a mãe não percebeu. Apenas aqueles que têm olhos serão capazes de perceber. Os três magos do Oriente precisaram viajar milhares de quilômetros para ver, mas as pessoas do próprio país de Jesus não conseguiram perceber. Os pais de Jesus precisaram fugir de Jerusalém e escapar para o Egito, e Jesus não pôde reaparecer em Jerusalém. Depois de trinta anos ouvimos falar dele novamente, e ele pôde sobreviver apenas três anos. As pessoas de seu próprio país o mataram; cegos mataram o homem que tinha olhos, loucos mataram uma das pessoas mais sãs.

Mesmo os pais... Os pais de Jesus não estavam conscientes do que tinha acontecido. Foram necessários três homens do Oriente para reconhecê-lo. Somente aqueles que aprenderam algo de meditação serão capazes de reconhecer um buda. Quando você se depara com um buda, não é fácil reconhecê-lo. É muito fácil sentir hostilidade por ele, é muito fácil ficar com raiva, é muito fácil ficar ofendido pela presença dele, pois sua presença faz com que você se sinta tão pequeno que isso o ofende. Sua presença faz com que você se sinta tão vazio que isso o humilha; não que ele humilhe, mas devi-

do ao seu ego você começa a se sentir humilhado, e sua mente quer vingança. Foi por isso que envenenaram Sócrates, que esquartejaram Mansoor, que crucificaram Jesus, e sempre foi assim. Sempre que aparece um buda, a sociedade fica muito hostil a ele.

Até na Índia, até no Oriente, a mesma coisa aconteceu. Buda viveu na Índia, pregou lá, transformou milhares de pessoas num mundo de luz, mas o budismo desapareceu da Índia, foi

> *Quando você se depara com um buda, não é fácil reconhecê-lo.*

destruído. Depois da morte de Buda, no período de quinhentos anos a religião foi desenraizada dali. Os brâmanes e os eruditos não gostavam da ideia, pois era perigosa para a profissão deles. Se Buda estiver certo, então todos os sacerdotes estarão errados.

Mas lembre-se, essas belas metáforas precisam ser entendidas com grande receptividade, com muita intuição, com amor, poesia, e não com lógica; do contrário, você as destruirá, as matará. Algumas vezes, belas metáforas foram usadas... e as religiões, as pretensas religiões, os seguidores, eles próprios mataram essas metáforas.

Conta-se que sempre que Maomé caminhava no deserto, uma nuvem se movia acima da sua cabeça para lhe fazer sombra. Ora, estar nos desertos árabes é estar no fogo! Esse não é um fato histórico, nenhuma nuvem faria isso. Mesmo os seres humanos não entendem Maomé, então como a pobre nuvem o entenderia? As pessoas perseguiam Maomé, por toda a sua vida ele fugiu de uma cidade para outra, estando sempre em perigo; sua sobrevivência era sempre uma dúvida. Se as pessoas não eram capazes de entendê-lo, que dirá uma pobre nuvem? Assim, isso não pode ser um fato histórico. Ainda assim adoro a história; a metáfora é bela. Ela simplesmente diz que as nuvens são muito mais inteligentes do que os seres humanos, simplesmente diz que as nuvens compreendiam a beleza do homem e o protegiam, mesmo contra as leis da natureza. Elas iam para onde Maomé fosse; mesmo que os ventos não fossem favoráveis, a nuvem continuava a lhe fazer sombra. Isso simplesmente mostra que a burrice humana é tão grande que mesmo uma nuvem é muito mais inteligente.

Conta-se que por onde quer que Buda passasse, árvores floresciam fora da estação e árvores que já estavam mortas há muito tempo novamente começavam a dar folhas verdes. Uma bela e significativa poesia, uma adorável poesia para se refletir. Não acho que isso seja um fato histórico, mas ainda assim é significativo. Pode não ser um fato, mas é uma verdade.

Os fatos pertencem a acontecimentos comuns. O fato é que o próprio primo de Buda, Devadatta, tentou matá-lo de muitas maneiras. Certa vez, quando Buda estava meditando, Devadatta arremessou uma rocha sobre ele do topo de uma colina, uma grande rocha começou a rolar colina abaixo. Este é um fato: Devadatta tentou matar Buda porque não pôde acreditar. "Como Buda pode se iluminar? Nós brincamos juntos, sempre estivemos juntos em nossa infância, fomos educados juntos. Se não estou iluminado, como ele está iluminado?"

Devadatta se declarou iluminado, embora não o fosse. E ele teria sido aceito como iluminado se Buda não estivesse ali. Mas como, na presença de Buda, você pode declarar que seu ser não iluminado é iluminado? Era impossível. O único problema era como destruir Buda. Ele lançou uma rocha, mas a história é que a rocha chegou muito perto de Buda e então mudou de direção. Isso não pode ser um fato, mas é uma verdade. A verdade é um fenômeno muito superior.

Devadatta soltou um elefante enfurecido para matar Buda. O elefante veio furiosamente, mas quando chegou perto de Buda, olhou para ele e se curvou, tocou seus pés. Ora, é um fato Devadatta ter soltado um elefante enfurecido; a outra parte não é um fato, mas é poesia, pura poesia, e de imensa verdade.

Lembre-se, as escrituras falam da verdade, elas não são livros históricos. Livros históricos descrevem fatos; é por isso que nesses livros Alexandre, o Grande; Ivan, o Terrível; Adolf Hitler e todos os tipos de neuróticos são encontrados. Mas Buda, Mahavira, Jesus... eles não estão nos livros de História. Para eles, precisamos de uma abordagem totalmente diferente. E é bom que eles não façam parte de livros históricos, pois eles *não* são parte da História; eles vêm do além, pertencem ao além e são apenas para aqueles que estão prontos a se elevar e a voar para o além.

No dia em que Buda nasceu... Ele era o filho de um grande rei, o filho único, que nasceu quando o rei já estava muito velho; daí haver uma grande comemoração no reino. As pessoas esperaram muito tempo, o rei era muito amado pelo povo; ele o serviu, foi bondoso, compassivo, muito amoroso e solidário. Ele fez de seu reino um dos mais ricos e estimados daqueles dias.

As pessoas rezavam para que seu rei tivesse um filho, pois não havia ninguém para herdar o reino. Então Buda nasceu na velhice do rei, e seu nascimento já nem era esperado. Houve grande celebração, grandes comemorações! Todos os astrólogos do reino se reuniram para fazer previsões sobre Buda. Seu nome era Sidarta, e o rei lhe deu esse nome porque significa "satisfação, preenchimento". O rei estava satisfeito, seu desejo fora satisfeito, seu anseio mais profundo fora preenchido; por toda a vida ele desejou um filho, daí o nome Sidarta. Ele simplesmente significa "satisfação do desejo mais profundo".

Esse filho fez com que a vida do rei fosse mais significativa, tivesse mais sentido. Os grandes astrólogos fizeram previsões e todos eles concordavam entre si, exceto um jovem astrólogo. Seu nome era Kodanna. O rei perguntou: "O que vai acontecer na vida de meu filho?" E todos os astrólogos ergueram dois dedos, exceto Kodanna, que ergueu apenas um dedo.

O rei disse: "Por favor, não se comuniquem com símbolos, pois sou uma pessoa simples e não conheço nada de astrologia. Digam-me, o que vocês querem dizer com dois dedos?"

E eles disseram: "Ou ele será um *chakravartin* – um governante do mundo – ou renunciará ao mundo e se tornará um buda, um iluminado. Há essas duas alternativas, daí erguermos dois dedos".

O rei ficou preocupado com a segunda alternativa, que seu filho renunciaria ao mundo, então de novo o problema surgiria. "Se ele renunciar ao mundo, quem herdará meu reino?" Ele perguntou a Kodanna: "Por que você ergueu apenas um dedo?"

Kodanna respondeu: "Estou absolutamente certo de que ele renunciará ao mundo e se tornará um buda, um iluminado, uma pessoa desperta".

O rei não ficou satisfeito com Kodanna; a verdade é muito difícil de aceitar. Ele ignorou Kodanna e não o recompensou, pois a verdade não é recompensada neste mundo. Pelo contrário, a verdade é punida de mil e uma maneiras. Na verdade, o prestígio de Kodanna caiu depois daquele dia. Por não ter sido recompensado pelo rei, espalhou-se o boato de que ele era um tolo. Enquanto os demais astrólogos concordavam entre si, ele foi o único a não concordar.

O rei perguntou aos outros astrólogos: "O que vocês sugerem? O que devo fazer para que ele não renuncie ao mundo? Eu não gostaria que ele fosse um mendigo, não gostaria de vê-lo como um monge, como um *saniasin*. Gostaria que ele se tornasse um *chakravartin*, um governante de todos os continentes". Essa é a vontade de todos os pais. Quem gostaria que seu filho ou filha renunciasse ao mundo e fosse para as montanhas, entrasse em seu próprio mundo interior para buscar e procurar o seu próprio eu? Nossos desejos estão voltados para as coisas externas. O rei era uma pessoa comum, assim como todo mundo, com os mesmos desejos e as mesmas ambições.

Os astrólogos disseram: "Isso pode ser arranjado. Dê-lhe tanto prazer quanto possível, tanto conforto e luxo quanto for humanamente possível. Não deixe que ele saiba sobre doenças, velhice e particularmente sobre a morte. Não deixe que ele venha a saber sobre a morte, e ele nunca renunciará".

De certa maneira, eles estavam certos, porque a morte é a questão central. Uma vez que ela surja em seu coração, seu estilo de vida fatalmente mudará; você não poderá continuar a viver da maneira tola de sempre. Se esta vida terminará na morte, então esta vida não pode ser a vida verdadeira, então esta vida deve ser uma ilusão. A verdade precisa ser eterna para ser verdadeira; apenas as mentiras são momentâneas. Se a vida é momentânea, então ela deve ser uma ilusão, uma mentira, uma concepção equivocada, um mal-entendido; então nossa ideia da vida deve estar enraizada na ignorância. Devemos estar vivendo-a de tal maneira que ela chega a um fim, mas podemos viver de uma maneira diferente, de tal modo que possamos nos tornar parte do fluxo eterno da existência. Apenas a morte pode lhe proporcionar essa mudança radical. Assim, os astrólogos disseram: "Não deixe que ele saiba nada sobre a morte".

O rei tomou todas as providências. Ele construiu três palácios para Sidarta em lugares diferentes, cada um para uma estação do ano, para que ele nunca conhecesse o desconforto das estações. Quando era quente, ele tinha um palácio nas montanhas, onde estava sempre fresco. Quando era frio, ele tinha um outro palácio ao lado de um rio, onde estava sempre quente. O rei tomou todas as providências para Sidarta nunca sentir nenhum desconforto.

Nenhuma pessoa idosa tinha permissão para entrar no palácio onde ele vivia, apenas os jovens. Ele juntou todas as belas jovens do reino em volta de Sidarta, para que ele permanecesse encantado, fascinado, perdido em sonhos e desejos. Um doce mundo de sonhos foi criado para ele. Os jardineiros tinham ordem de remover à noite as folhas e as flores envelhecidas e mortas, pois quem sabe? Ao ver uma folha morta, o rapaz poderia começar a perguntar o que tinha acontecido com aquela folha, e a questão da morte poderia surgir. Ao ver uma rosa murchando, as pétalas caindo, ele poderia perguntar: "O que aconteceu com esta rosa?" Então poderia começar a refletir e a meditar sobre a morte.

Por 29 anos ele foi mantido absolutamente alheio à morte. Mas por quanto tempo se pode evitar isso? A morte é um fenômeno importante. Por quanto tempo se pode enganar uma pessoa? Mais cedo ou mais tarde ela teria de entrar no mundo. Agora o rei estava ficando bastante velho e o filho precisava conhecer os caminhos do mundo. Assim, aos poucos ele teve permissão para sair, mas sempre que passava por qualquer rua da capital, os idosos eram afastados, os mendigos eram afastados, nenhum *saniasin* tinha permissão de aparecer enquanto ele estivesse passando, porque, ao ver um *saniasin*, ele poderia perguntar: "Que tipo de homem é esse? Por que ele está vestido com uma túnica ocre? O que aconteceu com ele? Por que ele parece diferente, desapegado, distante? Seus olhos são diferentes, sua energia é diferente, sua presença tem uma qualidade diferente. O que aconteceu com esse homem?" Então surgiria a questão da renúncia, e fundamentalmente a questão da morte...

Mas um dia teve de acontecer, isso não poderia ser evitado. Um dia Sidarta precisaria tomar consciência e tomou. Ele ia participar de um festival para a juventude; ia inaugurá-lo. É claro, esperava-se que o príncipe inaugurasse o festival anual da juventude. Era um belo entardecer, e os jovens do reino se reuniriam para dançar, cantar e festejar durante toda a noite. Era o primeiro dia do ano – haveria toda uma noite de celebração – e Sidarta iria fazer a abertura do festival.

No caminho, ele encontrou o que o pai temia que ele visse; ele se deparou com certas coisas...

amadurecimento

A HISTÓRIA é bela. A partir daqui ela se torna mitológica, mas ainda assim é significativa.

A história é que Indra, o chefe de todos os deuses, ficou preocupado porque uma pessoa capaz de se iluminar estava sendo levada a se desviar do seu curso. Algo precisava ser feito; não se podia deixar que a existência perdesse um ser iluminado. Assim, conta-se que Indra levou alguns deuses com ele para a terra.

Quando Sidarta passava, as ruas estavam sempre cercadas; portanto, era impossível para qualquer pessoa entrar ali. Apenas os deuses poderiam entrar – é por isso que a mitologia precisou ser criada –, porque os deuses são invisíveis e podem se tornar visíveis a qualquer momento.

Primeiro um deus doente e febril passou pela carruagem. Se a rua estivesse cheia de gente, talvez Sidarta tivesse deixado de vê-lo. Mas a rua estava vazia, as casas estavam vazias, não havia outros veículos, apenas sua carruagem dourada. Sidarta viu esse homem tremendo e perguntou ao cocheiro da carruagem: "O que aconteceu a esse homem?"

O cocheiro ficou num dilema, porque as ordens do rei eram para que esse jovem nunca soubesse que alguém pode ficar doente. E esse homem estava tão doente que parecia que iria cair ali mesmo e morrer. Mas Indra estava determinado e forçou o cocheiro a dizer a verdade: "Porque seu compromisso final não é com o velho rei, mas com a verdade. Não se esqueça disso, porque esse homem vai se iluminar e você será imensamente abençoado por ser a causa do desencadeamento desse processo. Não perca isso, pois pode não ter uma oportunidade como essa em milhões de vidas".

A mensagem era clara, e o cocheiro disse: "Eu não deveria dizer isso, mas como posso mentir para você? A verdade é que, antes de passarmos, todas as pessoas foram removidas das ruas por onde você passaria. Não sei de onde veio esse homem, porque há guardas por todo lado. Ninguém tem permissão para cruzar o caminho por onde esta carruagem passa. Esse homem tem uma doença".

Sidarta perguntou: "O que é doença?"

O cocheiro explicou: "Doença é algo com o qual nascemos; estamos carregando todos os tipos de doença em nosso corpo. Se às vezes, numa certa situação, uma fraqueza que você carrega dentro de si consegue apoio do exterior e você pega uma infecção, você fica doente".

Então um idoso apareceu, um outro deus, curvado e tão velho que Sidarta não pôde acreditar nos próprios olhos: "O que aconteceu a este homem?"

O cocheiro disse: "Isso é o que acontece depois de muitas doenças... este homem ficou velho".

OBSERVE O PÔR DO SOL

Para seus *saniasins*, Buda escolheu a túnica amarela. O amarelo representa a morte, a folha amarela, o pôr do sol, o entardecer. Buda enfatizou a morte, e isso ajuda de uma certa maneira. Em contraste com a morte, as pessoas ficam cada vez mais conscientes da vida. Quando você enfatiza repetidamente a morte, ajuda as pessoas a despertarem; elas precisam ficar despertas, pois a morte está vindo. Sempre que Buda iniciava um novo *saniasin*, ele lhe dizia: "Vá a um cemitério: fique ali e observe as piras funerárias, os cadáveres sendo carregados e queimados... fique observando. E lembre-se de que isso também vai lhe acontecer". Três meses refletindo sobre a morte e depois voltando... Essa era a iniciação do *sanias*.

E depois, um cadáver passou – um outro deus posando de cadáver – com quatro deuses carregando-o numa maca. Sidarta perguntou: "O que está acontecendo?"

O cocheiro respondeu: "Esse homem está no último estágio. Depois da velhice, é isso o que acontece".

Sidarta disse: "Pare a carruagem e me responda com sinceridade. Tudo isso também vai acontecer comigo?"

Naquele momento ele viu um monge, um outro deus fingindo ser um monge. Sidarta perguntou: "E que estágio é este? Com a cabeça raspada, um cajado numa mão e uma cumbuca na outra...?"

O cocheiro respondeu: "Este não é um estágio como os outros; é alguém que ficou consciente da miséria da vida, do sofrimento, da angústia, da doença, da velhice, da morte... Ele saiu da vida rotineira e está em busca da verdade, procurando encontrar algo imortal, a ausência da morte, a verdade".

Sidarta disse: "Volte para o palácio; fiquei doente, mortalmente doente. Fiquei velho, embora tenha a aparência de um jovem. O que importa se a velhice está a alguns anos à minha frente? Logo ela estará andando a meu lado! Não quero ser como aquele cadáver. Embora eu esteja vivo para todos os propósitos comuns, morri como aquele cadáver. A morte virá, é apenas uma questão de tempo; ela virá mais cedo ou mais tarde. Ela pode vir amanhã ou daqui a anos; de qualquer maneira, algum dia ela irá acontecer".

Ele continuou: "Tenha a carruagem pronta esta noite. Serei o último tipo de pessoa que apareceu; estou renunciando a tudo o que tenho. Não encontrei a felicidade aqui, e a procurarei, a perseguirei, farei tudo o que for necessário para encontrar a felicidade".

O que os astrólogos sugeriram para o pai de Buda parecia fazer sentido... mas o bom-senso é superficial. Eles não puderam perceber uma coisa simples, que não se pode manter uma pessoa por toda a vida alheia à realidade. É melhor deixá-la saber desde o começo; do contrário, a realidade virá como uma grande explosão em sua vida. E foi isso o que aconteceu.

Todos os comentários dizem que Buda renunciou ao mundo, mas isso não é verdade. O mundo simplesmente se desvaneceu, deixou de ter qualquer significado para ele.

Na noite em que Buda saiu do palácio e foi para as montanhas, enquanto estava atravessando a fronteira do seu reino, seu cocheiro – que já tinha uma certa idade e conhecia Buda desde a infância – tentou convencê-lo a voltar para o palácio. Ele disse: "O que você está fazendo? Essa é uma completa loucura. Você ficou louco ou o quê? Olhe para trás!"

Era uma noite de lua cheia e seu palácio de mármore parecia muito bonito... sob a luz da lua cheia, era um prazer ver o palácio de mármore branco. Pessoas costumavam vir de lugares distantes apenas para contemplar o palácio de Buda à luz da lua cheia, como as pessoas vão ao Taj Mahal. O mármore branco tem uma imensa beleza quando a lua está cheia. Há uma certa sincronia entre a lua cheia e o mármore branco, uma certa harmonia, um ritmo, uma comunhão. O cocheiro disse: "Pelo menos uma vez olhe para trás, para seu belo palácio. Ninguém mais tem um palácio tão lindo".

Buda olhou para trás e disse: "Não vejo nenhum palácio ali, mas apenas um grande fogo. O palácio está em chamas, apenas chamas. Simplesmente me deixe aqui e volte; se você vê o palácio, volte para ele. Não vejo nenhum palácio ali porque a cada momento a morte está chegando mais perto. E não vejo nenhum palácio porque mais cedo ou mais tarde todos os palácios desaparecerão. Neste mundo, tudo é momentâneo, e estou em busca do eterno. Agora que percebo a fugacidade deste mundo, não posso mais me enganar".

Estas são as palavras exatas de Sidarta: "Não posso mais me enganar".

Não que ele tivesse renunciado ao mundo! O que ele podia fazer? Se você percebe algo como lixo, se percebe que as pedras que você carregou por todo esse tempo não são diamantes verdadeiros, o que você faz com elas? Não será necessária muita coragem para abandoná-las, para jogá-las fora; não será necessária grande inteligência para se livrar delas, pois elas imediatamente cairão de suas mãos. Você não estava apegado a essas pedras, mas à ideia de que elas eram diamantes. Você estava apegado à sua ideia equivocada, à sua ilusão.

Buda não renunciou ao mundo, mas renunciou às suas ilusões sobre ele. E isso também foi um *acontecer*, não um ato. Quando a renúncia vem como um acontecer, tem uma imensa beleza, pois não há motivo para ela. Ela não é um meio para ganhar uma outra coisa; ela é total. Você acabou com o desejo, acabou com o futuro, acabou com o poder, o dinheiro, o prestígio, pois percebeu a futilidade de tudo isso.

despertar em bodhgaya

POR SEIS ANOS Buda fez tudo o que alguém poderia fazer; passou por todos os tipos de professor, mestre, erudito, sábio, vidente, santo. E a Índia está tão repleta dessas pessoas que não é preciso procurá-las ou ir atrás delas; basta ir a qualquer lugar e você as encontra. Elas estão por toda parte; se você não as procurar, elas o procurarão! E particularmente na época de Buda, essa situação estava realmente no auge. Todo o país procurava apenas uma coisa: como encontrar algo que transcendesse a morte.

Mas depois de seis anos de um tremendo esforço, de austeridades, jejuns e posturas de yoga, nada aconteceu. E um dia... Mesmo os budistas não foram capazes de entender o significado desta história. Esta é a história mais importante na vida de Gautama Buda; nada se compara a ela.

Pense em Gautama Buda. Ele era seu ser original; essa é a sua beleza e a sua grandeza. Ele não era um budista, mas simplesmente ele mesmo. Com diferentes mestres, por seis anos ele tentou continuamente encontrar a verdade, mas nada aconteceu, exceto frustração e fracasso. Ele estava em grande desespero, pois estivera com todos os grandes professores disponíveis e, por causa da sinceridade e da honestidade de Gautama Buda, esses mesmos professores precisaram lhe dizer: "Ensinamos a você tudo o que sabíamos. Se você deseja mais, terá de encontrar por si mesmo. Isso é tudo o que sabemos; e entendemos perfeitamente que você não esteja satisfeito. Também não estamos satisfeitos, mas não somos tão corajosos para continuar a tentar encontrar. Mesmo que leve vidas, continue tentando encontrar."

Finalmente Buda precisou abandonar todos os professores e todos os mestres e começar a caminhar por conta própria, empenhando-se ao máximo. Uma das coisas mais importantes que aconteceram precisa ser lembrada por todos os buscadores, onde quer que eles estejam no mundo; isso sempre será um marco importante para a humanidade futura.

Um dia ele estava ao lado do rio Niranjana. Eu fui a esse lugar; o rio é muito pequeno e talvez fique maior na estação das chuvas, mas quando fui lá no verão, ele era apenas um pequeno curso d'água.

Buda entrou no rio para tomar banho, mas tinha jejuado por muito tempo e estava tão fraco, e a corrente estava tão rápida e forte, que ele quase foi levado rio abaixo. Ele deu um jeito de agarrar as raízes de uma árvore e, nesse momento, uma ideia lhe ocorreu: "Fiquei muito fraco pelo jejum, porque todos os professores e todas as escrituras insistem constantemente que não se po-

de atingir a iluminação a menos que haja purificação pelo jejum. Eu me enfraqueci tanto, mas a iluminação não aconteceu. Não consigo sair nem desse pequeno rio, Niranjana, como então se espera que eu saia do oceano do mundo?"

Na mitologia indiana, o mundo é comparado ao oceano, *bhavsagar*. "Como atravessarei *bhavsagar*, o oceano do mundo, se não consigo nem sequer atravessar o rio Niranjana?"

Este foi um grande momento de discernimento: "Desnecessariamente tenho torturado meu corpo. Isso não foi purificação, simplesmente me enfraqueci; isso não me deixou espiritual, simplesmente me deixou doente".

Enquanto isso, uma mulher da cidade fazia uma promessa para a árvore sob a qual Gautama Buda estava. Sua promessa era a de que, se seu filho sarasse de uma doença, ela viria na noite de lua cheia e traria uma tigela de doces em gratidão à deidade da árvore.

Era uma noite de lua cheia e, por coincidência, Buda estava sentado sob a árvore. A mulher pensou: "Meu Deus, a própria deidade está sentada sob a árvore me esperando!" Ela ficou transbordante de alegria e colocou os doces aos pés de Gautama Buda, dizendo: "Nunca ouvi dizer que a própria deidade saísse da árvore e aceitasse as oferendas de nós, pobres pessoas, mas você é grandioso e me ajudou imensamente. Por favor, perdoe-me por ter-lhe causado tantos transtornos, mas aceite essa pequena oferenda".

Pela primeira vez em anos, Buda comeu sem nenhuma culpa.

Todas as religiões criaram culpa em tudo. Se você come algo gostoso, sente culpa; se usa algo bonito, sente culpa; se está feliz, algo deve estar errado. Você deveria ser sério, triste – só assim pode ser considerado religioso, pois se espera que uma pessoa religiosa não ria.

Pela primeira vez, Buda estava livre das garras de toda a tradição. Ninguém realmente analisou o estado de sua mente naquele momento, e esse estado é muito significativo para toda a psicologia da iluminação espiritual. Buda simplesmente abandonou toda a tradição, toda a ortodoxia, tudo o que lhe disseram, tudo o que lhe foi condicionado. Ele simplesmente abandonou tudo.

Ele nem mesmo perguntou à mulher: "Você pertence a qual casta?" E pelo que entendo, ela devia pertencer aos *sudras*. Isso não está escrito em nenhum lugar, mas minha conclusão tem algum sentido, porque seu nome era Sujata. *Sujata* significa "nascida em uma família de casta superior". Somente alguém que *não* nasceu numa família de casta superior pode ter um nome desse, pois quem nasce numa família de casta superior não precisa ter um nome desse. Você pode encontrar a pessoa mais pobre da cidade, e seu nome será Dhanidas, "o rico"... a mulher mais feia da cidade, e seu nome será Sunderbai, "bela mulher"... As pessoas substituem os nomes para dar mais elevação à sua realidade. O nome da moça era Sujata.

Naquele entardecer Buda abandonou toda a estrutura que o havia cercado. Ele não perguntou qual era a casta dela, seu credo. Ele aceitou a oferenda e comeu os doces, e após muitos dias dormiu pela primeira vez sem nenhuma culpa com relação ao sono. As pretensas pessoas espirituais têm medo de dormir, pois mesmo dormir é um pecado que precisa ser extirpado. Quanto menos você dormir, mais espiritual você é.

Naquela noite, Buda dormiu como uma criança, sem nenhum conceito do que é certo ou errado; inocente, livre de condicionamentos, tradições, ortodoxias, religiões. Naquela noite, ele nem estava preocupado com a verdade, com a iluminação. Dormiu um sono profundo e sem sonhos, pois os sonhos vêm a você somente quando você tem desejos. Aquela noite foi absolutamente sem desejos... Ele não tinha nenhum desejo; daí não haver motivo de ter sonhos. Pela manhã, quando abriu os olhos, ele estava completamente silencioso. Fora tudo estava completamente silencioso, e logo o sol começaria a despontar no horizonte; quando o sol começou a nascer, algo dentro dele também começou a surgir.

Ele não estava procurando, não estava buscando; pela primeira vez ele não estava desejando, e aconteceu. Ele estava repleto de luz.

O homem Sidarta se tornou Gautama Buda.

Nessa iluminação, naquele momento de iluminação, de nirvana, ele não encontrou nenhum Deus. Toda a existência é divina, e não existe um criador separado; toda a existência está repleta de luz e de consciência, daí não haver nenhum Deus, mas há divindade.

Esta é uma revolução no mundo das religiões: Buda criou uma religião sem Deus. Pela primeira vez, Deus não era o centro de uma religião. O ser humano se tornou o centro da religião, seu ser mais profundo se tornou a divindade – para o qual você não precisa ir a nenhum lugar, mas simplesmente deixar de ir para fora. Você simplesmente precisa permanecer dentro de si mesmo e lentamente se acomodar em seu centro. No dia em que você estiver acomodado em seu centro, acontece a explosão.

O MENOR GESTO

Um dia Buda estava caminhando com alguns discípulos – isso deve ter acontecido um pouco antes da sua iluminação. Ele tinha alguns discípulos mesmo antes de se luminar, porque uma luz havia começado a se espalhar – como no início da manhã, quando o sol ainda não apareceu, mas o céu está vermelho e a terra repleta de luz; o sol está para despontar acima do horizonte. Um pouco antes de se iluminar, Buda tinha cinco discípulos. Ele estava caminhando com eles e uma mosca pousou em sua cabeça. Buda estava conversando com os discípulos e, sem prestar muita atenção, mecanicamente, mexeu a mão para afugentar a mosca. Então ele parou e fechou os olhos. Os discípulos não conseguiram entender o que estava acontecendo, mas todos ficaram em silêncio, pois algo precioso estava em curso.

A face de Buda ficou muito luminosa, ele ergueu a mão muito lentamente e de novo a agitou perto da cabeça, como se a mosca ainda estivesse ali, embora ela não estivesse. Os discípulos perguntaram: "O que você está fazendo? A mosca não está mais aí".

Ele respondeu: "Mas agora estou movendo a minha mão de maneira consciente, e daquela vez fiz isso inconscientemente. Perdi uma oportunidade de estar consciente, estava muito ocupado falando com vocês e a mão simplesmente se moveu de maneira mecânica. Ela deveria ter se movido conscientemente, e agora a estou movendo como ela deveria ter se movido".

É isso o que Buda quer dizer quando fala sobre o caminho da virtude: ficar tão alerta que mesmo pequenos atos, mesmo pequenos gestos e movimentos se tornem repletos de consciência.

PARTE DOIS

a vida de
buda

Buda, Mahavira, Jesus... eles não estão nos livros de História.

Para eles, precisamos de uma abordagem

totalmente diferente. Eles não são parte da História;

eles vêm do além.

em busca da iluminação

Um dia antes de Gautama Buda deixar o palácio no meio da noite, sua esposa deu à luz uma criança. Essa é uma história tão humana, tão bela... Antes de deixar o palácio, ele queria ver ao menos uma vez a face da criança, seu filho, o símbolo de seu amor pela esposa. Assim, ele foi para onde a criança estava; sua esposa estava dormindo e seu filho estava ao lado dela, sob um cobertor. Ele queria afastar o cobertor e ver o rosto da criança, porque talvez nunca mais voltasse.

ELE ESTAVA SAINDO para uma peregrinação desconhecida e não havia como saber o que aconteceria em sua vida. Na busca pela iluminação, ele estava arriscando tudo: seu reino, sua esposa, seu filho, ele próprio. E a iluminação era algo que ele havia apenas ouvido falar como uma possibilidade, algo que havia acontecido antes com algumas pessoas que a procuraram.

Ele estava tão cheio de dúvidas como qualquer um estaria, mas o momento da decisão havia chegado... Naquele mesmo dia ele tinha visto a morte, a velhice, a doença e visto também um *saniasin* pela primeira vez. Esta se tornou uma questão decisiva para ele: "Se a morte existe, então é perigoso desperdiçar o tempo no palácio. Antes que a morte venha, preciso encontrar algo que esteja além da morte". Ele estava determinado a partir, mas a mente humana, a natureza humana... Ele apenas queria ver o rosto do filho, pois nem mesmo o tinha visto. Mas ele ficou com medo de que, ao afastar o cober-

tor, Yashodhara, sua esposa, acordasse – e havia toda a possibilidade de que isso acontecesse – e perguntasse: "O que você está fazendo aqui no meio da noite? E parece que você está pronto para partir para algum lugar..."

A carruagem estava esperando do lado de fora do portão, tudo estava pronto, ele estava para partir e havia dito ao cocheiro: "Espere um minuto, deixe eu ver o rosto do meu filho. Posso nunca mais voltar".

Mas com medo de que Yashodhara acordasse, começasse a chorar e a reclamar, ele não se atreveu a olhar: "Aonde você está indo? O que você está fazendo? Que renúncia é essa? O que é essa iluminação?" Nunca se sabe – ela podia acordar todo o palácio! O velho pai viria e tudo iria por água abaixo. Então ele simplesmente fugiu.

Depois de doze anos, quando ele se iluminou, a primeira coisa que quis fazer foi voltar ao palácio para pedir desculpas ao pai, à esposa e ao filho, que deveria ter agora doze anos de idade.

Ele sabia que todos deveriam estar com raiva. O pai estava com muita raiva e foi o primeiro a encontrá-lo; por meia hora ficou blasfemando contra Buda. Mas de repente o pai percebeu que ele estava dizendo tantas coisas e que seu filho estava apenas parado ali, como uma estátua de mármore, como se nada o afetasse.

O pai olhou para ele e Gautama Buda disse: "Era isso que eu queria. Por favor, enxugue as lágrimas e olhe para mim. Não sou o mesmo rapaz que deixou o palácio; seu filho morreu há muito tempo. Eu pareço seu filho, mas toda a minha consciência é diferente. Apenas olhe".

O pai disse: "Estou percebendo. Por meia hora blasfemei contra você, e essa é prova suficiente de que você mudou. Sei como você era temperamental; não conseguiria ficar parado em silêncio. O que aconteceu com você?"

Buda respondeu: "Eu lhe direi, mas deixe-me primeiro ver minha esposa e meu filho. Eles devem estar esperando, devem ter ouvido que eu cheguei".

A primeira coisa que sua esposa lhe disse foi: "Posso perceber que você está transformado. Esses doze anos foram de grande sofrimento, mas não porque você partiu. Eu sofri porque você não me contou. Se você tivesse simplesmente me contado que estava partindo em busca da verdade, você acha que eu o impediria? Você me insultou de uma maneira muito cruel. Essa é a ferida que venho carregando por esses doze anos.

"Não foi porque você partiu em busca da verdade, pois isso é algo para se festejar. Ou porque você foi em busca de atingir a iluminação; eu não o teria impedido. Como você, também pertenço à casta guerreira; você achou que eu era tão fraca a ponto de chorar, gritar e o impedir de partir?

"Por todos esses doze anos, sofri apenas porque você não confiou em mim. Eu teria dado permissão a você, teria me despedido de você, teria ido até a carruagem e dito adeus. Primeiro quero lhe fazer a única pergunta que ficou em

minha cabeça por todos esses doze anos, seja lá o que você atingiu... e certamente parece que você atingiu algo. Você não é mais a mesma pessoa que deixou este palácio, você irradia uma luz diferente, sua presença é totalmente nova e fresca, seus olhos são tão puros e claros como um céu sem nuvens. Você ficou tão bonito... você sempre foi bonito, mas sua beleza não parece deste mundo. Alguma graça do além desceu sobre você. Minha pergunta é: Seja lá o que você atingiu, não seria possível atingir aqui neste palácio? O palácio pode impedir a verdade?"

Essa é uma pergunta incrivelmente inteligente, e Gautama Buda precisou concordar: "Eu poderia ter atingido aqui, mas naquele momento não fazia ideia. Agora posso dizer que poderia ter atingido aqui neste palácio, não havia necessidade de ir para as montanhas, não havia necessidade de ir a lugar nenhum. Eu precisava ir para dentro, e isso poderia ter acontecido em qualquer lugar. Este palácio era tão bom quanto qualquer outro lugar, mas posso dizer isso somente agora. Naquele momento eu não tinha ideia disso.

"Você precisa me perdoar, pois não foi porque não confiei em você ou em sua coragem. Na verdade, eu tinha dúvida com relação a mim mesmo. Se eu tivesse visto você acordada e se tivesse visto meu filho, eu poderia começar a pensar: 'O que estou fazendo, deixando minha bela esposa, cujo todo amor e cuja devoção são para mim? E deixando meu filho de um dia de vida... se é para eu deixá-lo, por que o tive? Estou fugindo das minhas responsabilidades'. Se meu velho pai tivesse acordado, teria sido impossível para mim.

"Não foi porque não confiei em você; foi, na verdade, porque não confiei em mim mesmo. Eu sabia que havia uma hesitação, eu não estava completo na renúncia; uma parte de mim dizia: 'O que você está fazendo?', e outra parte dizia: 'Esta é a hora de fazer isso. Se você não fizer agora, ficará cada vez mais difícil. Seu pai está preparando a sua coroação e, uma vez coroado, ficará mais difícil'".

Yashodhara lhe disse: "Essa é a única pergunta que gostaria de fazer, e estou imensamente feliz por você ter sido absolutamente verdadeiro ao dizer que poderia ter sido atingido aqui, que isso pode ser atingido em qualquer lugar. Agora, o seu filho, que está aqui, um garoto de doze anos de idade, fica a toda hora perguntando sobre você, e eu digo a ele: 'Espere, ele voltará, ele não pode ser tão cruel, não pode ser tão duro, não pode ser tão desumano. Ele virá um dia. Talvez esteja demorando para acontecer o que ele foi fazer, mas quando acontecer, a primeira coisa que ele fará será voltar'.

"Seu filho está aqui, e quero que você me diga: Que herança está deixando para ele? O que você tem a dar ao seu filho? Você lhe deu a vida, e agora, o que mais vai dar?"

Buda não tinha nada, exceto sua cumbuca de pedinte; então ele chamou o filho, cujo nome – dado pelo próprio Gautama Buda – era Rahul. Ele o chamou para perto de si, deu-lhe a cumbuca de pedinte e disse: "Eu não tenho nada. Esta é minha única posse; de agora em diante, preciso usar as mãos como cumbuca para pegar a comida, para pedir comida. Ao lhe dar essa cumbuca de pedinte, estou iniciando você no *sanias*. Esse é o único tesouro que encontrei, e gostaria que você também o encontrasse".

Ele disse a Yashodhara: "Você precisa se aprontar para fazer parte da minha comuna de *saniasins*", e iniciou a esposa. O velho pai tinha se aproximado e estava observando toda a cena; ele disse a Buda: "Então por que você está me deixando de fora? Você não quer compartilhar com seu velho pai o que encontrou? Minha morte está muito próxima... inicie-me também".

Buda disse: "Na verdade, vim para levar todos vocês comigo, pois o que encontrei é um reino muito maior, um reino que durará para sempre, que não pode ser conquistado. Vim aqui para que vocês pudessem sentir minha presença, para que pudessem sentir minha realização e para que eu pudesse persuadi-los a serem meus companheiros de viagem". Então ele iniciou todos os três.

Ele deu ao filho o nome de Rahul, da mitologia indiana sobre o eclipse lunar. Na mitologia indiana a lua é uma pessoa, um deus, e ela tem dois inimigos: um é Rahu e o outro é Ketu.

> *Se você for corajoso o suficiente para arriscar tudo para ficar alerta e atento, a iluminação acontecerá.*

Quando acontece o eclipse lunar, ele ocorre porque Rahu e Ketu agarram a lua. Eles tentam matá-la, mas toda vez a lua escapa de suas garras.

Gautama Buda deu o nome de Rahul ao filho porque pensou: "Agora esse meu filho será meu maior obstáculo, meu maior inimigo. Ele me impedirá de ir ao Himalaia. O amor por ele e meu apego por ele serão minhas correntes". Foi por isso que ele lhe deu o nome de Rahul.

Todos eles foram para a floresta nos arredores da cidade, onde todos os discípulos de Buda estavam. No primeiro sermão aos discípulos, naquele entardecer, ele lhes disse: "Minha esposa, Yashodhara, me fez uma pergunta de imensa importância. Ela me perguntou: 'Não seria possível tornar-se iluminado no palácio, como um rei?' E eu lhe disse a verdade: tanto faz o lugar e o tempo. A pessoa pode se iluminar em qualquer lugar, mas naquela época não existia ninguém para me dizer isso. Eu não tinha ideia de onde a iluminação poderia ser encontrada, a quem eu deveria perguntar, aonde eu teria de ir. Eu simplesmente saltei para o desconhecido, mas agora posso dizer que onde você estiver, se você for corajoso o suficiente para arriscar tudo para ficar alerta e atento, a iluminação acontecerá".

sermões em silêncio

ÃO HÁ linguagem que possa expressar a experiência da iluminação. Não pode haver, pela própria natureza do fenômeno. A iluminação acontece além da mente e a linguagem faz parte da mente. A iluminação é uma experiência que acontece em completo silêncio.

Se você quiser chamar o silêncio de linguagem, então é claro, a iluminação tem uma linguagem que consiste no silêncio, no estado de plenitude, no êxtase, na inocência. Mas esse não é o sentido comum da linguagem. O sentido comum é que palavras precisam ser usadas como um veículo para transmitir algo. O silêncio não pode ser transmitido por palavras, nem o êxtase, o amor ou o estado de plenitude. Na verdade, a iluminação pode ser percebida, pode ser entendida, pode ser sentida, mas não pode ser ouvida e não pode ser falada.

Quando Gautama Buda se iluminou, permaneceu em silêncio por sete dias. E toda a existência esperava ansiosa para ouvi-lo, para ouvir sua música, sua canção sem sons, suas palavras vindas da terra do além, palavras da verdade. Toda a existência estava esperando, e aqueles sete dias pareceram sete séculos.

A história é incrivelmente bela. Até determinado ponto ela é factual, e além disso se torna mitológica, mas por mitológica não quero dizer que ela se torna uma mentira. Existem algumas verdades que só podem ser expressas por meio de mitos. Ele atingiu a iluminação, isso é uma verdade; ele permaneceu em silêncio por sete dias, isso é uma verdade. Que toda a existência esperou ouvi-lo é uma verdade, não para todos, mas apenas para aqueles que experimentaram algo da iluminação e que experimentaram a existência que espera.

Mas mesmo assim pode-se entender que a existência festeja sempre que alguém se torna iluminado, porque é uma parte da própria existência que está chegando à sua expressão mais elevada, uma parte da existência que está se tornando um Everest, o ponto culminante. Naturalmente, a iluminação é a coroação de glória da existência, é o próprio anseio do todo de se iluminar um dia, dispersar toda a inconsciência e inundar a existência inteira com consciência e luz, destruir toda a aflição e trazer tantas flores de alegria quanto possível.

Além desse ponto, a história se torna pura mitologia, mas mesmo assim ela tem sua própria importância e sua própria verdade.

Os deuses no céu ficaram preocupados. Uma coisa precisava ser entendida: o budismo não acredita num Deus, nem o jainismo acredita num Deus, mas acreditam em *deuses*. Eles são muito mais democráticos em seus conceitos do que o islamismo, o judaísmo ou o cristianismo. Essas religiões são mais elitistas: um Deus, uma religião, uma escritura sagrada, um profeta; elas

são muito monopolizadoras. Mas o budismo tem uma abordagem totalmente diferente, muito mais democrática, muito mais humana. Ele concebe milhões de deuses.

Na verdade, todo ser que existe precisa se tornar um deus um dia. Quando ele se ilumina, torna-se um deus. De acordo com o budismo, não existe nenhum Deus como criador, e isso traz dignidade a todos os seres. Você não é uma marionete, você tem uma individualidade, uma liberdade e uma dignidade. Ninguém pode criá-lo, ninguém pode destruí-lo. Daí surgiu um outro conceito: ninguém pode salvá-lo, exceto você mesmo. No cristianismo existe a ideia de salvador; no judaísmo existe a ideia de salvador. Se houver um Deus, ele poderá enviar seus mensageiros, profetas e messias para salvá-lo. Mesmo libertar a si mesmo não está em suas mãos; mesmo sua libertação será um tipo de escravidão; uma outra pessoa o liberta, e uma libertação que está nas mãos de uma outra pessoa não é de fato uma libertação.

A liberdade precisa ser conquistada e não mendigada; a liberdade precisa ser arrebatada e não pedida numa oração. A liberdade concedida a você por compaixão, como uma dádiva, não tem muito valor. Por isso, no budismo também não existe um salvador, mas existem deuses, os que se iluminaram antes. Desde a eternidade, milhões de pessoas devem ter se iluminado, e todas elas são deuses.

Esses deuses ficaram perturbados quando se passaram sete dias de silêncio após a iluminação de Gautama Buda, pois raramente acontece de um ser humano se iluminar. Esse é um fenômeno tão raro e único que a própria alma da existência espera por ele, anseia por ele. Milhares de anos se passam e então alguém se ilumina. E se Gautama Buda não falar, se escolher permanecer em silêncio? Essa é uma possibilidade natural, pois o silêncio é a única linguagem correta para a iluminação. No momento em que você tenta trazê-la para a linguagem, ela fica distorcida. E a distorção acontece em muitos níveis.

Primeiro, ela fica distorcida quando é arrastada para baixo, dos picos para os vales escuros da mente. A primeira distorção acontece aí. Quase noventa por cento de sua realidade é perdida.

Então você fala, e a segunda distorção acontece porque o que você pode conceber no âmago mais profundo de seu coração é uma coisa, mas no momento em que você exprime isso em palavras, trata-se de outra coisa. Por exemplo: você sente um grande amor, mas quando diz a alguém: "Eu amo você", repentinamente se dá conta de que a palavra *amor* é muito pequena para expressar o que você está sentindo. Parece realmente embaraçoso usá-la.

A terceira distorção acontece quando a mensagem é ouvida por outra pessoa, porque ela tem suas próprias ideias, seus próprios condicionamentos, seus próprios pensamentos, opiniões, filosofias, ideologias e preconceitos. Ela imediatamente interpretará de acordo consigo mesma. Quando a mensagem atinge a pessoa, já não é mais a mesma coisa que começou a partir do ponto culminante de sua consciência. Ela passou por tantas mudanças que é outra coisa. Assim, aconteceu muitas vezes de os iluminados nunca falarem. De cem iluminados, talvez um possa ter optado por falar.

Gautama Buda era um ser humano tão raro, tão culto e tão eloquente que, se tivesse escolhido permanecer em silêncio, o mundo perderia uma grande oportunidade.

Os deuses desceram, tocaram os pés de Gautama Buda e lhe pediram para falar: "Toda a existência está esperando; as árvores estão esperando, as montanhas estão esperando, os vales estão esperando, as nuvens estão esperando, as estrelas estão esperando. Não frustre a todos, não seja tão inclemente. Tenha misericórdia e fale".

Mas Gautama Buda tinha seu próprio argumento e disse: "Posso entender sua compaixão e gostaria de falar. Por sete dias fiquei vagando por estas duas possibilidades, falar ou não falar, e todo argumento é para não falar. Não fui capaz

de encontrar um único argumento em favor de falar. Eu seria mal interpretado, então qual é o sentido? Isso é absolutamente certo, eu serei condenado; ninguém vai me ouvir da maneira que as palavras de um iluminado precisam ser ouvidas. Para ouvir é preciso um certo treino, uma disciplina; não se trata apenas de ouvir.

"E mesmo se alguém me entender, essa pessoa não dará um único passo, porque todo passo é perigoso; trata-se de um caminhar sobre a lâmina de uma navalha. Não sou contra a atitude de falar, mas simplesmente não posso perceber nenhuma utilidade nela, e todo argumento que encontrei foi contrário a falar."

Os deuses olharam uns para os outros. O que Gautama Buda dizia estava certo, e eles se afastaram para discutir o que fazer: "Não podemos dizer que está errado o que ele está dizendo, mas mesmo assim gostaríamos que ele falasse. Alguma maneira de convencê-lo precisa ser encontrada". Eles discutiram por um bom tempo e finalmente chegaram a uma conclusão.

Eles voltaram a Gautama Buda e disseram: "Encontramos apenas um único e pequeno argumento. Ele é muito pequeno em comparação com todos os argumentos contrários, mas mesmo assim gostaríamos que você o considerasse. Nosso argumento é que você pode ser mal interpretado por 99 por cento das pessoas, mas você não pode dizer que será mal interpretado por cem por cento delas. Você precisa dar pelo menos alguma margem... apenas um por cento. E esse um por cento não é pequeno neste vasto universo, esse um por cento é uma porção grande o suficiente.

"Talvez desse um por cento muito poucos sejam capazes de seguir o caminho, mas já va-

a vida de buda 47

lerá a pena mesmo se uma única pessoa em todo o universo se iluminar devido à sua decisão de falar. A iluminação é uma experiência tão grandiosa que você será bem-sucedido mesmo se o seu esforço de toda uma vida puder tornar uma só pessoa iluminada. Não está certo pedir mais; isso é mais do que o suficiente. E você deve saber, como nós sabemos, que existem algumas pessoas que estão na fronteira. Apenas um pequeno empurrão, um pequeno incentivo, uma pequena esperança e talvez eles atravessem a fronteira da ignorância e da escravidão e saiam de suas prisões. Você precisa falar."

Gautama Buda fechou os olhos, pensou por alguns momentos e depois disse: "Não posso negar tal possibilidade. Isso não é muito, mas entendo que todos os meus argumentos, não importa o quanto sejam fortes, são fracos em comparação com a compaixão. Viverei pelo menos 42 anos a mais, e, se eu puder tornar um único indivíduo iluminado, já me sentirei imensamente recompensado. Eu falarei; vocês podem voltar aliviados de sua preocupação e inquietação".

Ele falou por 42 anos, e certamente não apenas uma, mas aproximadamente duas dúzias de pessoas se iluminaram. Essas pessoas foram as que aprenderam a arte de ouvir, a arte de ser silencioso. Elas não se iluminaram devido ao que Buda disse, mas porque puderam sentir o que Buda *era*, sua presença, sua vibração, seu silêncio, sua profundidade, sua elevação.

Essas duas dúzias de pessoas não se iluminaram apenas por ouvir as palavras de Gautama Buda. Essas palavras as ajudaram a estar na presença de Gautama Buda, a entender a beleza que palavras comuns assumem quando usadas por uma pessoa iluminada.

Gestos comuns se tornam muito graciosos, olhos comuns se tornam muito belos, com muita profundidade e significado. A maneira de Buda caminhar tinha uma qualidade diferente, a maneira de Buda dormir tinha um significado diferente... Essas pessoas são aquelas que tentaram entender não o que Gautama Buda estava *dizendo*, mas o que ele estava *sendo*. Seu ser é a única linguagem autêntica.

Milhões o ouviram e se tornaram eruditos. No dia em que ele morreu, no mesmo dia, surgiram 32 escolas, 32 divisões entre os discípulos, porque eles interpretaram de modo diferente o que Gautama Buda dissera. Esforços foram feitos para que eles se reunissem e compilassem tudo o que ouviram de Gautama Buda, mas todos fracassaram. Havia 32 versões, tão diferentes que é difícil acreditar que as pessoas possam ter ouvido uma só pessoa de tantas maneiras diferentes.

Mesmo hoje essas 32 escolas brigam entre si. Por 25 séculos, elas não foram capazes de se reconciliar. Na verdade, afastaram-se cada vez mais umas das outras. Agora elas se tornaram filosofias independentes, propondo: "É isto o que Gautama Buda disse e todos os outros estão errados. Esta é a escritura sagrada e as outras são apenas coleções organizadas por pessoas que não entendem nada".

Este é um dos maiores enigmas: Qual é a linguagem da iluminação? O *ser* do iluminado é a sua linguagem. Estar em contato com ele, abandonar todas as defesas, abrir todas as portas do seu coração, permitir que o amor dele chegue a você, permitir que a vibração dele se torne a sua vibração... Lentamente, se a pessoa estiver pronta e destemida, algo se transmite, algo que ninguém pode ver. Algo aconteceu, algo que não foi dito nem ouvido, algo que não é possível traduzir em palavras foi transmitido por meio do silêncio.

Buda falava contra os brâmanes, contra os hindus, mas todos os seus grandes discípulos eram brâmanes. É possível entender isso, porque ele exercia atração sobre os melhores da sociedade. Embora ele fosse contra os brâmanes, estes estavam no topo da escada e desse meio veio a maior parte da *intelligentsia*.

Sariputta era brâmane, Moggalayan era brâmane, Mahakashyapa era brâmane. Todos eles foram a Buda não por serem idiotas iletrados, os rejeitados – jogadores, prostitutas, coletores de impostos, ladrões –, mas por serem grandes eruditos e conseguirem entender que estava certo o que Buda dizia.

Quando Sariputta veio a Buda, ele próprio tinha quinhentos discípulos que o acompanhavam, todos grandes eruditos. Primeiro ele veio para travar um debate, e Buda ficou muito feliz: o que poderia ser mais bem-vindo? Mas Buda perguntou: "Você conhece a verdade por experiência ou é apenas um grande erudito? Ouvi falar de você..."

Olhando em silêncio para Buda por um momento, como que olhando num espelho, completamente despido, Sariputta disse: "Sou um grande erudito, mas no que se refere a conhecer a verdade, só posso dizer que não a conheci".

Buda disse: "Então será muito difícil argumentar. Argumentos só são possíveis entre duas pessoas que não conhecem a verdade. Elas podem argumentar até a eternidade, porque nenhuma delas sabe. Ambas são ignorantes, então podem ficar jogando com as palavras, com a lógica, citações, escrituras... Mas porque nenhuma delas sabe, não há possibilidade de chegarem a uma conclusão. No máximo, o que pode acontecer é que o mais esperto, ladino e trapaceiro consiga derrotar o outro, e o outro passará a seguir o mais esperto ou o mais sofisticado. Mas essa é alguma decisão sobre a verdade?

"Ou existe a possibilidade de encontro entre duas pessoas que percebem a verdade, mas então não há como argumentar. O que há para ar-

gumentar? Elas se sentarão em silêncio, talvez possam sorrir ou segurar a mão uma da outra, mas o que há para dizer? Ao olharem para os olhos uma da outra elas perceberão que não há nada a dizer, pois ambas sabem as mesmas coisas e estão no mesmo espaço. Portanto, haverá apenas silêncio.

"A terceira possibilidade é que uma pessoa conheça a verdade e a outra não conheça. Então será muito problemático, porque aquela que sabe não pode traduzir o que ela sabe na linguagem do ignorante. E a que não sabe estará desnecessariamente desperdiçando seu tempo e sua mente, porque não pode convencer a que sabe. O mundo inteiro não pode convencer a pessoa que sabe, porque ela sabe e você não sabe. Vocês podem ficar juntos..."

Buda disse: "Você veio com os seus quinhentos discípulos e você não sabe, e é absolutamente certo que entre esses quinhentos discípulos nenhum saiba; do contrário, ele não seria seu discípulo, mas seu mestre. Você é mais erudito, eles são menos; você é mais velho, eles são mais jovens; eles são seus discípulos. Mas como discutiremos alguma coisa? Estou pronto... mas eu *sei*. Uma coisa é certa, você não pode me converter, e a única possibilidade é que você seja convertido; portanto, pense duas vezes".

Mas Sariputta já estava convertido e ele era inteligente o bastante, já tinha vencido muitos eruditos em debates. Naquela época era uma tradição na Índia eruditos percorrerem todo o país para travar debates com outros eruditos. A menos que uma pessoa tivesse derrotado todos os eruditos, não seria reconhecida pelos outros estudiosos como uma pessoa sábia. Mas estar diante de um buda, diante de alguém que sabe, não é uma questão de erudição e de quantos eruditos ele tenha derrotado.

Buda simplesmente disse: "Estou pronto, se você deseja argumentar, estou pronto, mas que argumento é possível? Tenho olhos, você não os tem, e não posso lhe explicar o que é a luz. Você não pode ter nenhuma ideia do que seja a luz e apenas ouvirá a palavra *luz*, mas a palavra não terá nenhum significado para você. Ela não terá conteúdo e será ouvida, mas não entendida.

"Então, se você estiver realmente interessado na verdade, e não em ser derrotado ou em ser vitorioso... porque esse não é o meu interesse. Eu cheguei. Quem se importa em derrotar alguém? Para quê? Se você estiver realmente

a vida de buda 51

interessado na verdade, fique aqui e faça o que eu disser. Você poderá argumentar mais tarde, quando tiver conhecido algo substancial, existencial. Então você poderá argumentar."

Mas Sariputta era um homem incrivelmente inteligente; ele disse: "Sei que não posso argumentar agora e que não serei capaz de argumentar depois. Você acabou com a minha argumentação. Não posso argumentar agora porque não tenho olhos; depois não serei capaz de argumentar porque terei olhos. Mas vou ficar".

Ele ficou com seus quinhentos discípulos e disse a eles: "Não sou mais o mestre de vocês. Aqui está o homem, eu me sentarei ao lado dele na condição de discípulo. Por favor, esqueçam-se de mim como mestre. Se vocês quiserem ficar aqui, ele será o mestre de vocês agora".

Certo dia um homem foi a Gautama Buda pela manhã e lhe perguntou: "Deus existe?" Buda olhou o homem por um momento e então disse: "Sim". O homem não pôde acreditar, pois tinha ouvido que Buda não acreditava em Deus. Agora, o que fazer com o seu sim?

Um de seus discípulos mais íntimos, Ananda, estava com ele. Ananda ficou chocado, pois Buda nunca tinha falado com tamanha certeza, sem nenhum "se" ou "mas", um simples sim, e para Deus! E por toda a vida ele tinha lutado contra a ideia de Deus.

Mas havia um acordo entre Buda e Ananda. Ananda era o primo mais velho de Buda e, quando ele estava para se tornar um discípulo de Buda, Ananda pediu: "Você precisa me prometer algumas coisas. Sou agora o seu primo mais velho, mas depois da iniciação serei seu discípulo; então tudo o que você disser eu terei de fazer, mas agora ainda posso lhe pedir algo e você terá de fazê-lo".

Buda disse: "Eu o conheço; você não é capaz de pedir nada que coloque seu primo mais jovem em dificuldade. Pode pedir".

Ananda disse: "Não são grandes coisas, mas coisas simples. Uma é que todas as noites antes de ir dormir, se eu quiser perguntar algo, você terá de responder. Você não poderá dizer: 'Estou cansado da jornada de todo este dia, de tantas pessoas e tantos encontros...' Você terá de me responder. Eu nunca perguntarei durante o dia, não o perturbarei durante todo o dia, mas sou um ser humano e não sou iluminado, e certas perguntas podem surgir".

Buda disse: "Está aceito".

Da mesma maneira, Ananda pediu duas coisas mais: "Uma é que você nunca me mandará para outro lugar; eu sempre estarei com você, para servi-lo até o meu último suspiro. Você não me dirá: 'Vá e difunda minha mensagem', como envia outras pessoas. Você não poderá me enviar."

Buda respondeu: "Tudo bem, isso não é problema".

E sobre a terceira, Ananda disse: "Se eu lhe pedir para conceder um encontro com alguém a qualquer hora, e poderá ser uma hora muito imprópria, como no meio da noite, você terá de encontrar a pessoa. Você precisará me conceder esses privilégios".

Buda disse: "Isso também pode ser aceito, porque conheço você. Você não tirará vantagens dessas condições..."

Ananda ficou muito confuso com a resposta de Buda de que Deus existe, mas não pôde perguntar durante o dia e precisou esperar até a noite. À tarde, um outro homem veio e lhe fez a mesma pergunta: "Deus existe?" E Buda respondeu: "Não, de maneira nenhuma".

Agora as coisas ficaram ainda mais complicadas! Ananda estava explodindo por dentro, mas isso não foi nada. Ao anoitecer, um terceiro homem veio, sentou-se em frente de Buda e perguntou: "Você pode dizer alguma coisa sobre Deus?"

Buda olhou para ele, fechou os olhos e permaneceu em silêncio, e o homem também fechou os olhos. Eles ficaram sentados em silêncio por meia hora, e então o homem tocou os pés de Buda e disse: "Obrigado pela resposta", e foi embora.

Ora, aquilo foi demais. O tempo estava passando muito lentamente, e Ananda fervia por

> *A crença como tal é a barreira. Não importa que crença seja, verdadeira ou falsa.*

dentro. Quando todos se foram, ele simplesmente deu um salto e disse: "Isso é demais! Pelo menos conosco, pobres discípulos, você deveria ter cuidado. Aqueles três homens não ouviram as três respostas; eles ouviram apenas uma. Mas estamos com você e ouvimos todas as respostas. Você também deveria pensar em nós... estamos enlouquecendo. Se isso for continuar, o que nos acontecerá?"

Buda respondeu: "Você deveria se lembrar de uma coisa. Primeiro, aquelas perguntas não eram suas, e aquelas respostas não foram dadas a você. Por que você deveria se preocupar com elas? Elas não são da sua conta, mas são algo entre mim e aquelas três pessoas".

Ananda disse: "Isso eu posso entender; a pergunta não era minha e você não respondeu para mim. Mas tenho ouvidos e posso ouvir, ouvi as perguntas e ouvi as respostas, e todas as três respostas foram contraditórias entre si. Primeiro você diz sim, depois diz não, depois fica em silêncio e nada diz, e o sujeito toca os seus pés e diz: 'Obrigado pela resposta'. E estávamos sentados ali... não houve nenhuma resposta!"

Buda comentou: "Você pensa na vida em termos absolutos, e esse é o seu problema. A vida é relativa. Para o primeiro homem a resposta foi sim e era relativa a ele, estava relacionada com as implicações de sua questão, de seu ser, de sua vida. O homem a quem eu disse sim era um ateu; ele não acredita em Deus e não quero apoiar seu ateísmo estúpido; ele fica a proclamar que Deus não existe. Mesmo se um pequeno espaço for deixado inexplorado, talvez Deus exista naquele espaço. Só quando você investiga toda a existência é que pode dizer com absoluta certeza que Deus não existe. Isso é possível somente no final, e aquele homem estava simplesmente acreditando que Deus não existe, mas não tinha experiência existencial de que Deus não existe. Precisei estilhaçá-lo, precisei trazê-lo de volta à terra, precisei bater duro em sua cabeça. Meu sim foi relativo àquela pessoa, a toda a sua personalidade. Sua pergunta não era apenas palavras. A mesma palavra vinda de outra pessoa poderia ter recebido outra resposta".

"E foi isso o que aconteceu quando respondi 'não' ao outro homem. A pergunta foi a mesma, as palavras foram as mesmas, mas o homem atrás daquelas palavras era diferente; portanto, mudou a relação entre as palavras e as implicações. É relativo. O segundo homem era um idiota tal qual o primeiro, mas no polo oposto. Ele acredita que Deus existe, e veio receber apoio para a sua crença. Não dou apoio à crença de ninguém, pois a crença como tal é a barreira. Não importa que crença seja, verdadeira ou falsa. Nenhuma crença é verdadeira, nenhuma crença é falsa; todas as crenças são simplesmente estúpidas. Precisei dizer 'não' para aquele homem."

"O terceiro homem veio sem crenças. Ele não me perguntou se Deus existe. Não, ele veio com o coração aberto, sem a mente, sem crenças, sem ideologias. Ele era realmente uma pessoa sã e inteligente. Ele me pediu: 'Você pode dizer algo sobre Deus?' Ele não estava buscando o apoio de ninguém para o seu sistema de crenças, não estava em busca de uma fé, não estava perguntando com uma mente preconceituosa, mas pedindo a minha experiência: 'Você pode dizer algo sobre Deus?' "

"Pude perceber que aquele homem não tinha crença dessa ou daquela natureza; ele é inocente. Com uma pessoa tão inocente, a linguagem não tem sentido. Não posso dizer sim ou não; apenas o silêncio é a resposta. Então fechei os olhos e permaneci em silêncio. E minha impressão sobre o homem provou estar correta. Ele fechou os olhos; ao me ver fechando os olhos, ele fechou os dele. Ele entendeu minha resposta: fique em silêncio, vá para dentro. Ele ficou em silêncio comigo por meia hora e recebeu a resposta de que Deus não é uma teoria, uma crença que você deve estar contra ou a favor. Foi por isso que ele me agradeceu pela resposta."

"E você está confuso, querendo saber por qual resposta ele agradeceu? Ele recebeu a resposta de que o silêncio é divino e que estar em silêncio é ser divino; não existe outro deus além do silêncio. E ele foi embora imensamente preenchido e satisfeito, pois encontrou a resposta. Eu não lhe dei a resposta; ele a encontrou. Simplesmente permiti que ele tivesse uma amostra da minha presença."

a vida de buda 55

o guerreiro pacífico

AUTAMA BUDA estava cercado por uma multidão que o insultava, usando palavras de baixo calão e obscenas, porque ele era contra a religião organizada dos hindus e contra a escritura sagrada hindu, os Vedas, e condenou todo o sacerdócio, dizendo que eles eram exploradores e parasitas. Naturalmente os brâmanes estavam enfurecidos.

Aquela era uma vila de brâmanes, pela qual ele estava passando, e os brâmanes o cercaram e disseram todo tipo de coisa feia que podiam conceber. Ele ouviu em silêncio, e seus discípulos ficaram com raiva, mas porque Buda estava presente, não era delicado dizer alguma coisa. O mestre estava muito silencioso e escutando como se aquelas pessoas estivessem dizendo coisas muito amáveis.

Finalmente, Buda lhes disse: "Se vocês terminaram o que tinham a me dizer, gostaria de se-

> *Vocês não podem me deixar com raiva, a menos que eu aceite a sua humilhação, o seu insulto.*

guir em frente até a próxima vila, onde pessoas estão me esperando. Mas se não terminaram, voltarei daqui a alguns dias e os informarei de que estou vindo. Então terei tempo suficiente para escutar tudo o que vocês têm a me dizer".

Um homem disse: "Você acha que estamos dizendo alguma coisa? Nós estamos condenando você! Dá para entender ou não? Porque qualquer outro ficaria com raiva, e você fica aí em silêncio..."

A declaração que Buda fez às pessoas dessa vila foi imensamente significativa; ele disse: "Vocês chegaram tarde demais. Se tivessem vindo há dez anos, quando eu era tão insano quanto vocês, não teria sobrado ninguém vivo aqui".

Dez anos atrás ele era um príncipe, um guerreiro, um dos melhores arqueiros de seu tempo, um grande espadachim, e aqueles brâmanes... ele poderia simplesmente cortar a cabeça deles com um único golpe, sem nenhuma dificuldade, pois aqueles brâmanes nada sabiam de espadas, de arcos ou de ser um guerreiro. Ele os teria cortado como se fossem vegetais.

Ele disse: "Vocês chegaram tarde. Se tivessem vindo há dez anos... mas agora não sou mais insano, não posso reagir. E gostaria de lhes fazer uma pergunta. Na última vila, as pessoas vieram com doces, frutas e flores para me receber. Mas comemos apenas uma vez por dia e já tínhamos comido, e não carregamos coisas. Então precisamos lhes dizer: 'Por favor, perdoem-nos, não podemos aceitar doces, flores... Aceitamos o seu amor, mas vocês terão de ficar com essas coisas'. Quero lhes perguntar", disse ele à multidão enraivecida, "o que eles deveriam fazer com os doces e as flores que trouxeram para nos presentear?"

Um homem respondeu: "Que mistério há nisso? Eles deveriam distribuir os doces pela vila".

Buda disse: "Isso me deixa muito triste. O que vocês farão? Porque não aceito o que vocês trouxeram, da mesma maneira que não aceitei os doces, as flores e as outras coisas que as pessoas me trouxeram na outra vila. Se não aceito suas obscenidades, suas palavras feias, suas palavras sujas, se não as aceito, o que vocês poderão fazer? O que vocês farão com os lixos que trouxeram? Vocês terão de levá-los de volta a seus lares e dá-los a suas esposas, a seus filhos, a seus vizinhos. Vocês terão de distribuí-los, porque simplesmente me recuso a pegá-los. E vocês não podem me deixar com raiva, a menos que eu aceite a sua humilhação, o seu insulto.

"Dez anos atrás eu não era consciente; se alguém tivesse me insultado, perderia imediatamente a vida. Eu não tinha ideia de que me insultar era problema dele e que eu nada tinha a ver com isso, mas agora posso simplesmente ouvir e seguir o meu caminho."

Havia um homem praticamente louco, um louco assassino. Ele fez o juramento de que mataria mil pessoas, e não menos do que isso, porque a sociedade não o tratava bem. Ele se vingaria matando mil pessoas, e de cada pessoa assassinada ele tiraria um dedo e faria um rosário de dedos em volta do pescoço, um rosário de mil dedos. Por causa disso, seu nome se tornou Angulimala, o homem com um rosário de dedos.

Ele matou 999 pessoas. Ninguém ia para onde ele estava; quando as pessoas ficavam sabendo onde ele estava, o tráfego deixava de ir para aquela direção. E assim ficou muito difícil para ele encontrar uma pessoa, e apenas mais uma era necessária.

Buda estava seguindo na direção de uma floresta, mas pessoas da vila se aproximaram dele e disseram: "Não vá! Angulimala está lá, aquele

SERENIDADE

Buda sempre dormia na mesma postura; ele ficava a noite inteira imóvel e não mudava de posição. Essa postura ficou muito famosa; há muitas estátuas de Buda nessa postura em Sri Lanka, na China, no Japão e na Índia. Se você for a Ajanta, verá uma estátua de Buda deitado. Essa postura foi relatada por seu discípulo Ananda. Buda dormia na mesma postura por toda a noite sem nem mesmo mudar de lado.

Um dia Ananda perguntou: "Uma coisa me deixa perplexo: você fica na mesma postura a noite inteira. Você está dormindo ou não? Se uma pessoa está dormindo, ela muda de posição. Você dorme ou não? Mesmo enquanto você está dormindo, ou aparenta estar, parece que está alerta, parece que sabe o que o corpo está fazendo e nem mesmo muda de postura inconscientemente".

Buda disse: "Sim, quando a mente está silenciosa, sem sonhar, apenas o corpo dorme. A consciência permanece alerta".

louco assassino! Ele não pensa duas vezes e simplesmente mata, e ele não levará em consideração o fato de que você é um buda. Não vá por esse caminho; há outro caminho e você pode ir por ele, mas não passe por essa floresta!"

Buda replicou: "Se eu não for, quem irá? E ele está esperando por mais um, então preciso ir".

Angulimala tinha quase cumprido seu juramento e era um homem cheio de energia, porque estava lutando contra toda a sociedade. Ele matou sozinho quase mil pessoas. Reis tinham medo dele, generais tinham medo, o governo, a justiça, os policiais... ninguém podia fazer nada. Mas Buda disse: "Ele é uma pessoa e precisa de mim. Preciso correr o risco: ou ele me matará ou eu o matarei".

É isto o que os budas fazem: arriscam a própria vida. Buda foi, e mesmo os discípulos mais íntimos que juraram permanecer com ele até o final começaram a ficar para trás, pois era perigoso! Assim, quando Buda chegou à colina onde Angulimala estava sentado sobre uma pedra, não havia ninguém atrás dele; ele estava sozinho, pois todos os discípulos haviam desaparecido. Angulimala olhou para aquele homem inocente como uma criança, tão belo, e pensou que mesmo um assassino sentia compaixão por ele. Ele imaginou: "Esse homem parece não saber que estou aqui, porque ninguém vem por esse caminho". E o homem parecia tão inocente, tão belo, que até mesmo Angulimala pensou: "É melhor não matar esse homem. Eu o deixarei ir; posso encontrar outra pessoa".

Então ele disse a Buda: "Volte! Pare aí mesmo e volte! Não dê mais nenhum passo! Sou Angulimala, e aqui estão 999 dedos; só preciso de mais um, e mesmo se minha mãe vier, eu a matarei e cumprirei meu juramento! Então não se aproxime, sou perigoso! E não acredito em religião, não importa quem você é. Você pode ser um monge muito bom, talvez um grande santo, mas não me importo! Eu me importo só com o dedo, e seu dedo é tão bom quanto o de qualquer outra pessoa; então não se aproxime nem mais um passo, senão o matarei. Pare!" Mas Buda continuou a se aproximar.

Então Angulimala pensou: "Ou esse homem é surdo ou é louco!" De novo ele gritou: "Pare! Não se mova!"

Buda disse: "Eu parei há muito tempo, não estou me movendo, Angulimala, você é que está. Parei há muito tempo; todos os movimentos cessaram, porque toda a motivação cessou. Quando não há motivação, como o movimento pode acontecer? Não há objetivo para mim, eu atingi o objetivo; então por que eu deveria me mover? Você é que está se movendo, e lhe digo: pare *você*!"

Angulimala estava sentado sobre uma pedra e começou a rir; ele disse: "Você é realmente louco! Estou sentado, e você está me dizendo que estou me movendo. E você está se movendo e diz que está parado. Você realmente é um tolo, um louco ou alguém muito estranho!"

Buda chegou perto e disse: "Ouvi dizer que você precisa de mais um dedo. No que se refere a este corpo, meu objetivo foi alcançado; este corpo é inútil. Quando eu morrer, as pessoas o queimarão e ele não terá utilidade para ninguém. Você pode usá-lo, seu juramento pode ser cumprido: corte meu dedo e corte minha cabeça. Vim de propósito, porque essa é a última

SEMENTES DE SALVAÇÃO

Uma criança órfã de pai morreu, e a mãe vivia apenas para a criança. Aquela criança era toda a sua vida e sua única esperança; fora ela, não havia mais nada pelo qual a mulher viver. E a criança morreu. A mulher estava a ponto de enlouquecer e não permitia que as pessoas levassem a criança ao crematório. Ela ficava abraçada à criança, na esperança de que começasse a respirar de novo, e estava disposta a dar a própria vida, se a criança pudesse viver.

As pessoas diziam: "Isso não é possível, é contra a lei da natureza". Mas ela estava tão infeliz que não conseguia ouvir ninguém. Então alguém sugeriu: "O melhor a fazer é levarmos essa mulher a Gautama Buda, que por acaso está na vila".

A mulher ficou interessada em ir até Buda, achando que alguém como ele poderia fazer alguma coisa e que aquele era um milagre pequeno, nada demais: fazer com que a criança começasse a respirar de novo. Ela foi até ele chorando e se lamentado, colocou o cadáver da criança aos pés de Buda e pediu: "Você é um grande mestre, conhece os segredos da vida e da morte, e vim com grande esperança. Faça com que meu filho viva de novo!"

Buda disse: "Farei isso, mas antes você terá de satisfazer uma condição".

Ela afirmou: "Estou disposta a satisfazer qualquer condição, mesmo dar a minha vida, mas faça com que meu filho viva".

Buda disse: "Não, a condição que você precisa satisfazer é muito simples. Você tem de andar pela vila e pegar algumas sementes de mostarda de uma casa que a morte nunca tenha visitado".

Ela estava em tal desespero que foi de casa em casa, e todo mundo lhe dizia: "Podemos lhe dar tantas sementes de mostarda quanto você quiser, mas essas sementes não lhe serão de ajuda. Não apenas uma pessoa, mas muitas morreram em nossa família; talvez milhares tenham morrido ao longo das gerações".

Ao entardecer, um grande despertar aconteceu à mulher. Ela tinha percorrido toda a vila e obtido sempre a mesma resposta... todos estavam dispostos a ajudá-la, mas diziam: "Essas sementes de mostarda não serão de ajuda, pois Buda deixou claro: 'Traga as sementes de mostarda de uma família na qual ninguém jamais tenha morrido'".

Ao entardecer, quando voltou, ela era uma mulher totalmente diferente, não mais a mesma pessoa que viera pela manhã. Ela tinha ficado absolutamente ciente de que a morte é uma realidade da vida e que não pode ser mudada.

E para quê? "Mesmo se meu filho viver por alguns anos, terá de morrer novamente. Em primeiro lugar, isso não é possível, e em segundo lugar, mesmo se fosse possível, não faria sentido."

Agora não havia mais lágrimas em seus olhos, ela estava muito silenciosa e serena. Uma imensa compreensão veio a ela: ela estava pedindo o impossível. Ela abandonou aquele desejo, veio e caiu aos pés de Buda.

Buda perguntou: "Onde estão as sementes de mostarda? Esperei o dia inteiro".

Em vez de chorar, a mulher riu e disse: "Você pregou uma bela peça em mim! Esqueça-se da criança, o que se foi se foi. Vim agora para ser iniciada e para me tornar uma *saniasin*. Como você, também quero encontrar a verdade que nunca morre. Não estou mais preocupada com meu filho ou com mais ninguém. Agora minha preocupação é a de como encontrar a verdade que nunca morre, a verdade que é a própria vida".

Buda comentou: "Perdoe-me por ter pedido a você algo que eu sabia ser impossível, mas foi uma simples estratégia para trazer você ao seu juízo, e ela funcionou".

chance para o meu corpo ser usado de alguma maneira; do contrário, as pessoas o queimarão".

Angulimala disse: "O que você está dizendo? Eu achava que era o único doido por aqui. E não tente ser esperto, porque sou perigoso e ainda posso matá-lo!"

Buda disse: "Antes de me matar, faça uma coisa. Satisfaça o desejo de um homem que está para morrer: corte um galho desta árvore". E Angulimala deu um golpe na árvore com a espada e um grande galho caiu. Buda disse: "Apenas mais uma coisa: junte-o novamente à árvore!"

Angulimala disse: "Agora tenho certeza de que você é louco, pois posso cortar, mas não posso unir".

Então Buda começou a rir e disse: "Se você pode apenas destruir e não pode criar, não deveria destruir, pois qualquer criança pode destruir, não há nenhuma bravura nisso. Esse galho pode ser cortado por uma criança, mas para uni-lo é necessário um mestre. E se você nem pode unir novamente um galho a uma árvore, como pode cortar a cabeça de um ser humano? Você já pensou nisso?"

Angulimala fechou os olhos, caiu aos pés de Buda e disse: "Conduza-me por esse caminho!"

E conta-se que naquele mesmo instante ele se iluminou.

No dia seguinte, ele era um *bhikkhu*, um mendigo, um monge de Buda, e pedia esmola na cidade. Toda a cidade se fechou, pois as pessoas estavam com muito medo e diziam: "Mesmo que ele tenha se tornado um mendigo, não se pode confiar nele. Esse homem é muito perigoso!" As pessoas não saíam às ruas. Quando Angulimala foi pedir esmolas, ninguém lhe deu comida, pois quem correria o risco? As pessoas estavam na cobertura de suas casas olhando para baixo. E então começaram a jogar pedras nele, pois ele havia matado 999 pessoas daquela cidade. Praticamente todas as famílias tinham sido vítimas, então elas começaram a jogar pedras.

Angulimala caiu na rua, sangue escorria por todo o seu corpo; ele tinha muitos machucados. E Buda veio com seus discípulos e perguntou: "Angulimala, como você está se sentindo?"

Angulimala abriu os olhos e disse: "Estou muito grato a você. Eles podem matar o corpo, mas não podem me tocar. E foi isso que fiz por toda a minha vida e nunca percebi".

Buda disse: "Angulimala se iluminou, tornou-se um brâmane, um conhecedor de Brahma".

a vida de buda 63

médico
da alma

Gautama Buda chegou a uma cidade que tinha um cego muito lógico, muito racional. Toda a cidade tentava lhe dizer que a luz existia, mas ninguém podia provar que isso era verdade.

Não há como provar que a luz existe. Ou você pode vê-la ou não pode, mas não há outra prova.

O cego dizia: "Estou pronto. Posso tocar as coisas e posso senti-las com as minhas mãos. Traga-me a sua luz; eu gostaria de tocá-la e de senti-la".

Mas a luz não é algo palpável, e as pessoas diziam: "Não, ela não pode ser tocada ou sentida".

Ele dizia: "Tenho outros sentidos; posso cheirá-la, posso prová-la, posso bater nela e ouvir o som, mas estes são meus únicos instrumentos: meus ouvidos, meu nariz, minha língua, minhas mãos, e estou deixando à disposição de vocês todas essas minhas faculdades. Eu deveria escutar meu próprio bom-senso ou deveria escutar vocês? Digo que a luz não existe, que ela é apenas uma invenção, uma invenção de pessoas espertas para enganar pessoas simples como eu, a fim de que possam provar que sou cego e que elas têm olhos. Vocês não estão interessados na luz, mas em provar que têm olhos e que eu não tenho. Vocês querem ser superiores, mais elevados. Por vocês não poderem ser lógica e racionalmente superiores a mim, criaram algo absurdo. Esqueçam-se de tudo isso, todos vocês são cegos. Ninguém viu a luz porque ela não existe".

Quando as pessoas ouviram que Buda viria à cidade, elas disseram: "Esta é uma boa oportunidade. Deveríamos levar nosso cego lógico para Gautama Buda; talvez ele possa convencê-lo, e não podemos encontrar uma pessoa melhor para fazer isso".

Elas trouxeram o cego para Gautama Buda e lhe contaram toda a história, que um cego estava provando que todas as pessoas eram cegas, estava provando que a luz não existia e que elas eram absolutamente incapazes de provar a existência da luz.

Vale a pena lembrar as palavras de Buda; ele disse: "Vocês o trouxeram para a pessoa errada. Ele não precisa de um filósofo, mas de um médico. Não é uma questão de convencê-lo, mas de

> *A abelha nunca acumula para o dia de amanhã; o hoje é suficiente em si mesmo.*

COMO UMA ABELHA

O *bhikkhu*, o *saniasin* budista, vai de casa em casa e nunca pede apenas numa casa, pois isso poderia ser um fardo pesado demais. Então ele pede em muitas casas, um pouquinho em cada uma, para não ser um fardo para ninguém. E ele nunca vai à mesma casa à qual já foi. Isso se chama *madhukari* – como uma abelha. A abelha vai de flor em flor e não é possessiva. Ela pega apenas um pouco de cada flor, para que sua beleza não seja prejudicada e o perfume não seja destruído. A flor simplesmente nunca se dá conta da abelha; silenciosamente ela vem e silenciosamente ela vai.

Buda diz: "A pessoa de consciência vive neste mundo como uma abelha. Ela nunca destrói a beleza deste mundo, nunca destrói o perfume deste mundo. Ela vive silenciosamente, move-se silenciosamente e pede apenas o tanto de que precisa; sua vida é simples, e não complexa. Ela não acumula para o dia de amanhã. A abelha nunca acumula para o dia de amanhã; o hoje é suficiente em si mesmo".

RETRATO

Nenhuma estátua ou pintura de Buda foi criada nos quinhentos anos após a sua morte. Por quinhentos anos, sempre que um templo budista era criado, havia apenas a pintura da árvore *bodhi*. Isso era belo, porque no momento em que Gautama Sidarta se tornou Buda, ele deixou de estar ali, apenas a árvore ficou. Ele desapareceu, e apenas a árvore continuou presente.

curar os olhos dele. Mas não se preocupem, meu médico particular está aqui". Um dos imperadores daquela época oferecera seu próprio médico particular para Gautama Buda, para que ele tomasse conta de Buda 24 horas por dia, para acompanhá-lo como uma sombra.

Ele pediu ao médico: "Por favor, cuide dos olhos desse homem".

O médico examinou os olhos do homem e disse: "Esse não é um caso complicado; uma certa doença está prejudicando os olhos dele, mas ela pode ser tratada. Vai levar no máximo seis meses".

Buda deixou seu médico na vila e, após seis meses, o homem abriu os olhos. Toda a sua lógica e toda a sua racionalidade desapareceram. Ele disse: "Meu Deus, eu estava dizendo a essas pessoas simples que elas estavam me trapaceando, me enganando. A luz existe; eu era cego! Se eu tivesse aceitado há mais tempo a ideia de que era cego, não haveria necessidade de viver na cegueira por toda a minha vida".

Naqueles seis meses Buda tinha se afastado bastante da vila, mas o homem foi até ele dançando, caiu a seus pés e lhe disse: "Sua compaixão foi enorme por não ter argumentado comigo, por não ter tentado me convencer de que a luz existe; em vez disso, você me deu um médico!"

Buda disse: "Esse é todo o meu trabalho. Há pessoas espiritualmente cegas por toda a parte, e o meu trabalho não é o de convencê-las sobre a beleza, o estado de plenitude e o êxtase da existência; meu trabalho é o de um médico".

Certa manhã um grande rei, Prasenjita, foi até Gautama Buda. Numa das mãos ele tinha uma bela flor de lótus, e na outra um dos diamantes mais preciosos daqueles dias. Ele veio porque a esposa insistira: "Enquanto Gautama Buda está aqui, você desperdiça seu tempo com idiotas, falando sobre coisas desnecessárias..."

Desde a infância ela ia a Gautama Buda, e depois se casou. Prasenjita não tinha interesse naquilo, mas por causa da insistência dela, ele disse: "Vale a pena fazer pelo menos uma visita e ver que tipo de homem é esse".

Mas ele tinha um ego muito grande; então pegou o diamante mais precioso de seu tesouro para dar de presente a Gautama Buda. Ele não queria ir vê-lo como uma pessoa comum. Todos precisavam saber... Na verdade, ele queria que todos soubessem: "Quem é o maior, Gautama Buda ou Prasenjita?" E aquele diamante era tão precioso que muitas lutas e guerras haviam acontecido por causa dele.

Sua esposa riu e disse: "Você não sabe nada sobre o homem a quem o estou levando. É melhor você levar uma flor para presenteá-lo, em vez dessa pedra". Ele não pôde entender, mas disse: "Não há problema, posso levar as duas coisas. Vamos ver."

Quando ele chegou, ofereceu seu diamante, que estava carregando numa das mãos, e Buda simplesmente disse: "Largue-o!" O que fazer? Ele o largou e pensou que talvez sua esposa estivesse certa. Na outra mão ele estava carregando o lótus, e, quando tentou oferecer o lótus, Buda disse: "Largue-o!"

Ele também o largou e ficou com um pouco de medo – o homem parecia insano! Mas dez mil discípulos estavam ali... E Prasenjita ficou pensando que aquelas pessoas deveriam estar achando que ele era estúpido. E Buda disse pela terceira vez: "Você não me escutou? Largue-o!" Prasenjita pensou: "Ele realmente é maluco. Larguei o diamante, larguei o lótus, e agora não tenho nada para largar".

Naquele momento, Sariputta, um discípulo antigo de Gautama Buda, começou a rir. Sua ri-

sada fez com que Prasenjita se voltasse para ele e lhe perguntasse: "Por que você está rindo?"

Ele respondeu: "Você não entende a linguagem; ele não está dizendo para você largar o diamante ou o lótus, mas para largar a si mesmo, para abandonar o ego. Você pode ficar com o diamante e com o lótus, mas abandone o ego. Não o pegue de volta".

Você já deve ter ouvido o nome de Cleópatra, uma das mulheres mais belas do Egito; na Índia, equivalente a Cleópatra, temos o nome de uma bela mulher contemporânea de Gautama Buda, Amrapali.

Buda estava em Vaishali, onde Amrapali vivia. Ela era uma prostituta, e no tempo de Buda era uma convenção na Índia que a mulher mais bonita de qualquer cidade não tivesse permissão de se casar, porque isso criaria ciúmes, conflitos e brigas desnecessários. Assim, a mulher mais bonita tinha de se tornar uma *nagarvadhu*, a esposa de toda a cidade.

Isso de maneira nenhuma era um desrespeito; pelo contrário, como no mundo contemporâneo respeitamos e declaramos a mulher mais bonita como "a mulher do ano", elas eram muito respeitadas. Elas não eram prostitutas comuns; sua função era a de uma prostituta, mas eram visitadas apenas por pessoas muito ricas, pelos reis, pelos príncipes, pelos generais – a camada mais alta da sociedade.

Amrapali era muito bonita, e um dia estava em seu terraço e viu um jovem monge budista. Ela nunca havia se apaixonado por ninguém, embora todos os dias precisasse fingir ser uma grande amante deste rei, daquele rei, deste homem rico, daquele general. Mas de repente ela se apaixonou por esse homem, um monge budista que nada tinha, apenas uma cumbuca de pedinte; um jovem, mas com uma imensa presença, consciência e graça. A maneira como ele caminhava... Ela correu para ele e lhe pediu: "Por favor, aceite hoje a minha comida".

Outros monges também estavam por perto, porque em todo lugar aonde Buda ia, dez mil monges sempre caminhavam com ele. Os outros monges não puderam acreditar; eles ficaram com inveja, com raiva e sentindo todas as qualidades e fraquezas humanas quando viram o jovem entrar no palácio de Amrapali.

Amrapali lhe disse: "Daqui a três dias a estação das chuvas vai começar..." Nos quatro meses da

estação das chuvas, os monges budistas não viajam. Esses são os quatro meses em que eles ficam num só lugar; por oito meses eles viajam continuamente e não podem permanecer num mesmo lugar por mais de três dias.

Essa é uma psicologia estranha. Você pode observar: leva pelo menos quatro dias para a pessoa ficar apegada a um lugar. Por exemplo, no primeiro dia numa casa nova, você pode não conseguir dormir; no segundo dia, será um pouco mais fácil; no terceiro dia, será ainda mais fácil; e no quarto, você será capaz de dormir perfeitamente, como se estivesse em sua própria casa. Se você for um monge budista, antes disso precisará partir.

Amrapali disse: "Daqui a três dias a estação das chuvas vai começar, e eu o convido a ficar em minha casa por estes quatro meses".

O jovem respondeu: "Perguntarei ao meu mestre. Se ele me permitir, eu virei".

Quando ele saiu, havia uma multidão de monges parada lá fora, perguntando-lhe o que havia acontecido. Ele respondeu: "Eu fiz minha refeição e a mulher me pediu para ficar os quatro meses da estação das chuvas em seu palácio, e eu lhe disse que iria perguntar ao meu mestre".

As pessoas ficaram com muita raiva. Um dia já era demais... mas quatro meses! Elas correram para encontrar Gautama Buda e, antes que o jovem pudesse chegar a ele, havia centenas de monges dizendo a Buda: "É preciso deter esse homem. Aquela mulher é uma prostituta, e um monge ficando quatro meses na casa de uma prostituta..."

Buda disse: "Fiquem quietos! Deixem que ele venha. Ele não concordou em ficar; ficará apenas se eu permitir. Deixem que ele venha".

> *Se a meditação for profunda,*
> *se a percepção for clara, nada poderá*
> *perturbá-la.*

O jovem veio, tocou os pés de Buda e contou toda a história: "A mulher é uma prostituta, uma famosa prostituta, Amrapali. Ela me pediu para ficar quatro meses na casa dela. Por quatro meses todo monge precisa ficar em algum lugar, na casa de uma pessoa. Eu disse a ela que perguntaria ao meu mestre, e aqui estou... e farei o que você disser".

Buda olhou nos olhos dele e disse: "Você pode ficar lá".

Isso foi chocante. Dez mil monges... Houve um profundo silêncio... mas muita raiva, muita inveja. Eles não puderam acreditar que Buda permitiria que um monge ficasse na casa de uma prostituta. Após três dias, o jovem partiu para ficar com Amrapali, e todos os dias os monges punham-se a fofocar para Buda: "Toda a cidade está irrequieta, só se fala num assunto, que um monge budista vai ficar com Amrapali por quatro meses".

Buda disse: "Vocês deveriam ficar quietos. Os quatro meses passarão e confio no meu monge. Olhei nos olhos dele e não havia desejo. Se eu tivesse dito não, ele não sentiria nada. Eu disse sim... e ele simplesmente foi. E confio em meu monge, em sua consciência, em sua meditação.

Por que vocês estão tão agitados e preocupados? Se a meditação do meu discípulo for profunda, ele transformará Amrapali, e se sua meditação não for profunda, Amrapali poderá transformá-lo. Agora a questão é entre a meditação e a atração biológica. Simplesmente esperem quatro meses. Confio nesse jovem, ele está muito bem e tenho toda a certeza de que ele sairá do teste de fogo absolutamente vitorioso".

Ninguém acreditou em Gautama Buda, e seus próprios discípulos pensaram: "Ele está confiando demais. O homem é muito jovem, é muito novo, e Amrapali é linda demais. Ele está correndo um risco desnecessário". Mas não havia mais nada a fazer.

Após quatro meses, o jovem veio e tocou os pés de Buda, e atrás dele estava Amrapali, vestida como uma monja budista. Ela tocou os pés de Buda e disse: "Dei o melhor de mim para seduzir seu monge, mas ele me seduziu; com sua presença e consciência ele me convenceu de que a verdadeira vida é estar aos seus pés. Quero doar todas as minhas posses à sua comunidade de monges".

Ela tinha um belo jardim e um belo palácio, e disse: "Você pode fazer dali um lugar em que seus dez mil monges possam ficar na estação das chuvas".

E Buda disse aos presentes: "Agora vocês estão satisfeitos ou não?"

Se a meditação for profunda, se a percepção for clara, nada poderá perturbá-la; então tudo é efêmero. Amrapali se tornou uma das mulheres iluminadas entre os discípulos de Buda.

a vida de buda 71

o último experimento

ACONTECEU NO último dia de vida de Gautama Buda sobre a terra. Um homem muito pobre convidou-o para fazer uma refeição em sua casa. Esta era a rotina: Buda abria a porta cedo pela manhã e quem o convidasse primeiro teria o convite aceito para aquele dia, e Buda ia para a casa dessa pessoa. Ele costumava fazer apenas uma refeição por dia.

Era praticamente impossível para uma pessoa pobre convidá-lo, e dessa vez fora apenas acidental. O rei estava vindo para convidá-lo, mas no caminho aconteceu um acidente e a carruagem em que ele estava se quebrou; então o rei se atrasou, chegando alguns minutos depois. Nesse meio tempo, Buda aceitou o convite do homem pobre.

O rei disse: "Conheço esse homem. Ele tenta convidá-lo sempre que você vem para esta cidade".

Buda gostava muito de alguns lugares, e aquela cidade, Vaishali, era uma das que mais gostava. Em todos os seus 42 anos como mestre, ele visitara Vaishali pelo menos quarenta vezes, praticamente uma vez por ano. E ficou em Vaishali por pelo menos doze estações de chuva, pois costumava interromper suas andanças por ser muito difícil caminhar nessa época do ano.

Então, por três ou quatro meses ele permaneceria em um só lugar, e durante oito meses ele percorreria os demais. Os lugares percorridos por Buda são chamados de *Bihar*. O nome *Bihar* veio das andanças de Buda e significa "o lugar onde um buda viaja". Essa é a área em que ele continuamente viajou por 42 anos, essa fronteira define todo o estado de *Bihar*.

O rei disse: "Conheço esse homem, eu o vi muitas vezes. Ele estava sempre tentando... e nada tem a oferecer! Por favor, descarte essa ideia de ir à casa dele".

Mas Buda replicou: "Isso é impossível, não posso rejeitar o convite. Preciso ir". Então ele foi, e essa ida se tornou fatal para o seu corpo, porque em *Bihar*, as pessoas pobres juntam cogumelos, secam-nos e guardam-nos para a estação das chuvas. Elas os usam como alimento, mas alguns cogumelos são venenosos. E esse homem preparou cogumelos para Buda, pois não tinha mais nada a oferecer, apenas arroz e cogumelos.

Buda olhou o que o homem lhe ofereceu... mas dizer não ao pobre homem iria magoá-lo, então ele comeu aqueles cogumelos. Eles estavam muito amargos, mas se dissesse isso iria magoar o pobre homem, então ele comeu tudo sem dizer nada; depois, agradeceu ao homem e foi embora. Buda morreu intoxicado por aquela comida.

Quando lhe perguntaram no último momento: "Por que você aceitou? Você sabia, o rei o preveniu, outros discípulos o preveniram dizendo que ele era tão pobre que não poderia lhe oferecer uma comida saudável. E você é velho, tem 82 anos de idade e precisa de uma alimentação adequada. Mas você não escutou".

Buda disse: "Foi impossível... Sempre que a verdade é convidada, ela tem de aceitar o convite. E ele me convidou com tal paixão e amor como ninguém jamais me convidou, e valeu a pena arriscar a minha vida".

Essa história é bela e também é verdadeira no que se refere à verdade suprema: tudo o que é necessário de nossa parte é um convite total, sem reter nem mesmo uma pequena parte do nosso ser. Se estivermos totalmente disponíveis, abertos e prontos para receber o hóspede, o hóspede vem. Nunca foi diferente.

Esta é a lei da existência: a verdade não pode ser conquistada, mas pode ser convidada. A pessoa precisa ser apenas uma anfitriã para o convidado supremo. E é isso que chamo de meditação; ela simplesmente o deixa vazio de todo o lixo, ela o esvazia completamente para que você fique espaçoso, receptivo, sensível, vulnerável e disponível. E todas essas qualidades fazem com que você convide de uma maneira apaixonada, um convite para o desconhecido, um convite para o inominável, um convite para o que tornará sua vida uma satisfação, sem o qual a vida é apenas um exercício de completa futilidade. Mas não se pode fazer mais nada além isso; apenas um convite e esperar.

É a isso que chamo de prece: um convite e uma espera em profunda confiança de que irá acontecer. E acontece, sempre aconteceu!

> *Esta é a lei da existência: a verdade não pode ser conquistada.*

Aes dhammo sanantano, diz Buda, essa é a lei suprema da existência.

No dia em que Buda morreu, pela manhã ele reuniu todos os discípulos, todos os seus *saniasins*, e lhes disse: "Chegou agora o último dia, meu barco chegou e preciso partir. E essa foi uma bela jornada, uma bela união. Se vocês tiverem alguma pergunta a fazer, podem fazer, pois não estarei mais disponível fisicamente para vocês".

Um grande silêncio caiu sobre os discípulos, uma grande tristeza. E Buda riu e disse: "Não fiquem tristes, pois é isto que repetidamente lhes venho ensinando: tudo o que começa termina. Agora deixe que eu lhes ensine também por meio da minha morte. Como vim ensinando a vocês por meio da minha vida, deixe-me também ensinar-lhes por meio da minha morte".

Ninguém conseguiu reunir coragem para fazer uma pergunta. Por toda a sua vida eles fizeram milhares e milhares de perguntas, mas aquele não era o momento de perguntar nada; eles não estavam no estado de ânimo adequado, mas chorando e soluçando.

Então Buda disse: "Adeus. Se vocês não têm nenhuma pergunta, então eu partirei". Ele se sentou sob uma árvore com os olhos fechados e

Ele deixa de ser uma pessoa,

uma forma, uma onda,

e desaparece no oceano.

desapareceu do corpo. Na tradição budista, isso se chama "a primeira meditação", desaparecer do corpo. Isso significa desidentificar-se do corpo, saber total e absolutamente que "Não sou o corpo".

Fatalmente uma questão surgirá em sua mente: "Buda não sabia disso antes?" Ele já sabia, mas uma pessoa como Buda precisa criar alguma estratégia para que apenas um pouco de si permaneça conectado ao corpo. Senão, ele teria morrido há muito tempo, há 42 anos, no dia em que sua iluminação aconteceu. A partir da compaixão, ele criou um desejo, o desejo de ajudar as pessoas. É um desejo, e ele o mantém ligado ao corpo. Buda criou um desejo de ajudar as pessoas. "Tudo o que vim a saber, preciso compartilhar."

Se você desejar compartilhar, precisará usar a mente e o corpo. Essa pequena parte permaneceu ligada. Agora ele corta até mesmo essa pequena raiz no corpo e se desidentifica dele. Quando a primeira meditação está completa, o corpo é abandonado.

Então a segunda meditação: a mente é abandonada. Ele abandonou a mente há muito tempo, ela deixou de ser uma mestra, mas como serva ela ainda era usada. Agora ela nem mesmo

é necessária como serva, e é completamente abandonada, totalmente abandonada.

E então a terceira meditação: ele abandonou o coração. Até o momento ele fora necessário, Buda vinha vivendo por meio do coração; não fosse assim, a compaixão não teria sido possível. Ele tinha sido o coração, e agora ele se desconecta do coração.

Quando essas três meditações estão completas, acontece a quarta. Ele deixa de ser uma pessoa, uma forma, uma onda, e desaparece no oceano. Ele se torna aquilo que sempre foi, aquilo que conheceu há 42 anos, mas que de alguma forma conseguiu adiar, a fim de ajudar as pessoas.

A morte dele é um grande experimento em meditação. E conta-se que muitos dos presentes primeiro perceberam que o corpo não era mais o mesmo; algo tinha acontecido, a vivacidade tinha desaparecido do corpo. O corpo estava ali, mas como uma estátua. Os que eram mais perceptivos, mais meditativos, imediatamente perceberam que agora a mente tinha sido abandonada e que não havia mente ali dentro. Aqueles que eram ainda mais perceptivos puderam ver que o coração tinha acabado. E os que estavam realmente na beira do estado búdico, ao perceber Buda desaparecer, também desapareceram.

Muitos discípulos se iluminaram no dia em que Buda morreu, muitos, apenas ao percebê-lo morrer. Eles o tinham observado viver, tinham visto a vida dele, mas agora havia chegado o crescendo, o clímax. Eles o viram ter uma bela morte, com muita graça, num estado profundamente meditativo... ao perceber isso, muitos despertaram.

a vida de buda 75

PARTE TRÊS

OS
ensinamentos

Antes da iluminação, o mestre prepara as pessoas que irão sucedê-lo, torna-as mais eloquentes, torna-as mais capazes de transformar o que é inexprimível em palavras, o absolutamente silencioso em canção, o absolutamente imóvel em dança.

"eu ouvi dizer"

Certa vez, Gautama Buda estava passando por uma floresta no outono. A floresta estava cheia de folhas secas, e Ananda, ao encontrá-lo sozinho, perguntou-lhe: "Sempre quis perguntar isto, mas diante dos outros não pude ousar. Diga-me a verdade: você nos disse tudo o que sabe ou ainda está guardando alguns segredos?"

AUTAMA BUDA apanhou algumas folhas do chão e disse a Ananda: "Eu disse apenas este tanto: as folhas que você vê em minha mão, mas o que sei é tão vasto quanto todas as folhas desta grande floresta. Não é que eu queira guardar isso para mim, mas é simplesmente impossível! Até mesmo falar sobre algumas folhas é um árduo esforço, porque está acima da sua capacidade de entender. Você conhece os pensamentos, mas nunca experimentou a ausência de pensamentos; você conhece as emoções, mas nunca conheceu um estado em que todas as emoções estão ausentes, como se todas as nuvens do céu tivessem desaparecido.

"Estou dando o melhor de mim", disse ele, "porém, mais do que isso não é possível transferir por meio de palavras. Se eu puder fazer você entender apenas este tanto: existe muito mais na vida do que as palavras podem conter; se eu puder convencê-lo que há algo mais do que a sua mente conhece, isso é suficiente. Então a semente está plantada."

Por toda a vida, Gautama Buda nunca permitiu que escrevessem o que ele dizia. Seu motivo era que, se alguém escrevesse, a atenção da pessoa ficaria dividida e ela deixaria de ser total. Ela precisaria ouvir e escrever, e o que ele estava dizendo era tão sutil que, a menos que ela fosse total, perderia a mensagem. Assim, em vez de escrever, ela deveria tentar, com toda sua totalidade e intensidade, abordar seu coração e deixar que a mensagem mergulhe dentro de si.

Ele falou por 42 anos e, após a morte dele, a primeira tarefa foi a de anotar por escrito tudo de que os discípulos se lembravam; senão, tudo estaria perdido para a humanidade.

Eles fizeram um grande serviço, e também um grande desserviço. Eles escreveram coisas, mas vieram a perceber um fenômeno estranho: cada um ouviu algo diferente. Suas memórias, suas lembranças, não eram as mesmas.

Surgiram 32 escolas proclamando: "Foi isto o que Buda disse". Apenas um homem, um homem a ser lembrado para sempre, seu discípulo mais íntimo, Ananda, que nem mesmo era iluminado antes da morte de Buda, devido à sua humildade, sabendo que "eu não era iluminado, então como poderia ouvir exatamente o que vinha de uma consciência iluminada? Eu interpretarei, misturarei com meus próprios pensamentos, darei minha própria cor, minha própria nuança. Não posso carregar em mim o mesmo significado original, pois ainda não tenho aqueles olhos que podem ver, aqueles ouvidos que podem ouvir". Devido à sua humildade, as coisas de que ele se lembrou e sobre as quais escreveu se tornaram as escrituras básicas do budismo, e todas elas começam com: "Ouvi Gautama Buda dizer..."

Todas as 32 escolas filosóficas foram aos poucos sendo rejeitadas, e seus membros eram grandes eruditos, muito melhores do que Ananda, muito mais capazes de interpretar, de dar significado às coisas, de criar sistemas a partir de palavras. E a razão dessa rejeição foi que elas omitiram um começo simples: "Ouvi..." Elas diziam: "Gautama Buda disse..."; a ênfase estava em Gautama Buda.

A versão de Ananda é a versão universalmente aceita. Estranho... havia iluminados, mas eles permaneceram em silêncio, pois o que escutaram não era possível ser expresso. E havia não iluminados, gênios da filosofia, muito articulados, e eles escreveram grandes tratados, mas não foram aceitos. E a pessoa que não era iluminada, que não era um grande filósofo, mas apenas um humilde zelador de Gautama Buda, teve suas palavras aceitas. A razão é este começo: "Ouvi... Não sei se ele estava ou não dizendo isso. Não posso me impor sobre ele. Tudo o que posso dizer é o que ecoou em mim. Posso falar sobre a minha mente e não sobre o silêncio de Gautama Buda".

o grande barco,
o pequeno barco

NTES DA ILUMINAÇÃO, o mestre prepara as pessoas que irão sucedê-lo, torna-as mais eloquentes, torna-as mais capazes de transformar o que é inexprimível em palavras, o absolutamente silencioso em canção, o absolutamente imóvel em dança. Somente então elas serão capazes de comunicar algo e poderão ajudar a humanidade cega.

Buda dividiu seus iluminados em duas categorias. Ambas têm a mesma altitude, não havendo a qualidade de inferior e superior, ambas pertencem à mesma realidade cósmica, à natureza fundamental. Uma categoria é chamada de *arhatas*, os que se iluminam e permanecem em silêncio; a segunda categoria é chamada de *bodhisattvas*. Estes também se iluminaram, mas seu trabalho é o de transmitir algo, alguma estratégia, alguma indicação sobre sua experiência às pessoas.

Os *arhatas* são também chamados de *hinayana*, um pequeno barco no qual uma só pessoa pode remar e ir para a outra margem; é claro que ela chega à outra margem. E os *bodhisattvas* são chamados de *mahayana*; trata-se de um grande navio no qual milhares de pessoas podem ir para a outra margem. A outra margem é a mesma, mas o *bodhisattva* ajuda muitas pessoas.

O *arhata* não é articulado; ele é uma pessoa simples, boa e completamente humilde, mas não dirá uma única palavra do que atingiu; é demais para ele dizer alguma coisa. Ele está completamente satisfeito; por que deveria falar? E, de qualquer maneira, cada um precisa encontrar seu próprio caminho, então por que desnecessariamente importunar as pessoas? O *arhata* tem seu próprio ponto de vista.

O *arhata* é alguém que faz todo o esforço para se iluminar e, uma vez iluminado, ele se esquece completamente daqueles que ainda estão tateando no escuro. Ele não tem preocupação com os outros; para ele, a sua própria iluminação é suficiente. Na verdade, de acordo com os *arhatas*, mesmo a grande ideia da compaixão nada mais é do que um outro tipo de apego.

A compaixão também é um relacionamento, não importa o quanto seja bela e grandiosa, ela também é uma preocupação com os outros, também é um desejo. Embora seja um bom desejo, não faz diferença; de acordo com os *arhatas*, desejo é escravidão, seja ele bom ou ruim. As correntes podem ser feitas de ouro ou de aço, não importa, mas correntes são correntes. A compaixão é uma corrente de ouro.

O *arhata* insiste que ninguém pode ajudar ninguém. A própria ideia de ajudar os outros está baseada em fundamentos equivocados. Você pode ajudar apenas a si mesmo.

Pode ocorrer à mente comum que o *arhata* é muito egoísta. Mas se você olhar sem nenhum preconceito, talvez ele também tenha algo imensamente importante a declarar ao mundo.

Até mesmo ajudar o outro é uma interferência na vida dessa pessoa, em seu estilo de vida, em seu destino, em seu futuro. Portanto, os *arhatas* não acreditam em nenhuma compaixão. Para eles, a compaixão é outro belo desejo para mantê-lo atado ao mundo dos apegos. Trata-se de outro nome, um belo nome, mas ainda assim um nome para uma mente desejosa.

Por que você deveria ficar interessado em que alguém se ilumine? Isso não é da sua conta, cada um tem liberdade absoluta para ser ele mesmo. O *arhata* insiste na individualidade e em sua absoluta liberdade. Mesmo para o bem, ninguém pode ter permissão de interferir na vida de ninguém.

Portanto, no momento em que ele se ilumina, o *arhata* não aceita discípulos, nunca prega, nunca ajuda dessa ou daquela maneira. Ele simplesmente vive em seu êxtase. Se você por conta própria puder beber de seu poço, ele não impedirá, mas não fará nenhum convite a você. Se você vier a ele por conta própria, sentar-se a seu lado, beber a sua presença e seguir no caminho, esse é um assunto seu. Se você se perder, ele não o interromperá.

De certa maneira, esse é o maior respeito, levado ao extremo lógico, jamais prestado à liberdade individual. Mesmo se você estiver caindo numa escuridão profunda, o *arhata* silenciosamente esperará. Se a presença dele puder ajudar, tudo bem, mas ele não estenderá as mãos para ajudá-lo, dar-lhe uma ajuda, puxá-lo para fora do buraco. Você é livre para cair num buraco e, se pode cair num buraco, é absolutamente capaz de sair dele. A própria ideia da compaixão é alheia à filosofia dos *arhatas*.

Gautama Buda aceitou o fato de que algumas pessoas se tornam *arhatas*, e o caminho deles é

chamado de *hinayana*, "o pequeno veículo", o pequeno barco em que apenas uma pessoa pode ir à outra margem. O *arhata* não se preocupa em criar um grande navio e juntar uma multidão na Arca de Noé para levá-la à margem oposta. Ele simplesmente vai sozinho em seu pequeno barco, que nem mesmo

pode conter duas pessoas. Ele nasceu sozinho no mundo, viveu e morreu milhões de vezes sozinho no mundo, e sozinho vai para a fonte universal.

Buda aceita e respeita o caminho do *arhata*, mas também sabe que existem pessoas que têm imensa compaixão e, quando elas se iluminam, o primeiro anseio é o de compartilhar sua alegria, compartilhar sua verdade; a compaixão é o seu caminho. Eles também têm uma verdade profunda e são chamados de *bodhisattvas*; eles incitam e convidam os outros a passar pela mesma experiência. E eles esperam nesta margem tanto quanto possível, para ajudar todos os buscadores que estão dispostos a trilhar o caminho e que precisam de um guia, de uma mão que ajude. O *bodhisattva* pode adiar sua ida à outra margem devido à compaixão pelos cegos que tateiam no escuro.

Buda teve uma percepção tão compreensiva e abrangente que aceitou ambos: que é a natureza de algumas pessoas ser *arhatas*, e que também é a natureza de outras pessoas ser *bodhisattvas*. O ponto de vista de Gautama Buda é o de que nada pode ser feito a respeito: um *arhata* será um *arhata*, um *bodhisattva* será um *bodhisattva*. As naturezas deles têm destinos diferentes, embora no final atinjam o mesmo objetivo. Mas depois de atingirem o objetivo, o caminha se bifurca.

Os *arhatas* não ficam nesta margem nem mesmo por um único momento. Eles estão cansados, estiveram por tempo suficiente nesta roda do *samsara*, passando milhões de vezes por nascimentos e mortes. Já foi demais. Eles estão entediados e não querem permanecer nem mesmo um único minuto a mais. Seus barcos chegaram, e imediatamente eles começam a remar para a outra margem. Esse é o estado de ser deles.

E há os *bodhisattvas*, que podem dizer ao barqueiro: "Espere, não há pressa. Demorei-me nesta margem por bastante tempo, infeliz, em sofrimento, em angústia, em agonia. Agora tudo isso desapareceu e estou em absoluto estado de plenitude, silêncio e serenidade, e não acho que haja algo mais na outra margem. Então, tanto quanto eu puder conseguir, ficarei aqui para ajudar as pessoas".

Gautama Buda certamente é uma daquelas pessoas que podem perceber a verdade mesmo em contradições. Ele aceita ambos os pontos de vista sem fazer com que ninguém se sinta inferior ou superior.

os ensinamentos 83

aceitação daquilo que é

ENTE ENTENDER a expressão *aceitação daquilo que é*. Buda depende muito dessa expressão. Na língua dele, a palavra é *tathata*. Toda a orientação budista consiste em viver nessa palavra, viver com essa palavra tão profundamente que ela desaparece e você se torna a aceitação daquilo que é.

Por exemplo: você está doente. A atitude de aceitação daquilo que é consiste em aceitar isso e dizer a si mesmo: "Tal é o caminho do corpo", ou "As coisas são assim". Não crie uma briga, não comece a travar uma batalha. Você tem uma dor de cabeça; aceite-a. Tal é a natureza das coisas. Subitamente há uma mudança, porque quando se toma essa atitude, uma mudança a acompanha como uma sombra. Se você conseguir aceitar a dor de cabeça, ela desaparecerá.

Experimente fazer isso. Se você aceita um desconforto, ele começa a desaparecer. Por que isso acontece? Porque sempre que você está brigando, sua energia fica dividida: metade é canalizada para o desconforto, a dor de cabeça, e a outra metade luta contra a dor de cabeça – uma ruptura, uma divergência, e então a luta. Esta luta é, na verdade, uma dor de cabeça mais profunda. Uma vez que você a aceita, que não se queixa, que não briga, a energia se torna uma só por dentro. A ruptura se desfaz e muita energia é liberada, pois agora não há conflito e a própria liberação da energia se torna uma força de cura.

A cura não vem de fora. Tudo o que os remédios podem fazer é ajudar o corpo a ativar sua própria força de cura. Tudo o que um médico pode fazer é apenas ajudar você a encontrar seu próprio poder de cura. A saúde não pode ser forçada de fora, ela é a sua energia florescendo.

Esta expressão *aceitação daquilo que é* pode funcionar tão profundamente que doenças físicas, mentais e finalmente espirituais se dissipam; esse é um método secreto. Comece com o corpo, porque essa é a camada mais inferior. Se você for bem-sucedido aí, então níveis mais elevados poderão ser tentados. Se você falhar aí, então será difícil passar para níveis mais elevados.

Algo está errado no corpo: relaxe, aceite isso e simplesmente diga por dentro, não apenas com palavras, mas sinta isto profundamente: "Tal é a natureza das coisas".

O corpo é um conjunto, então muitas coisas se combinam nele. O corpo nasce e está propenso à morte. Ele é um mecanismo complexo; há toda a possibilidade de uma coisa ou outra sair errada. Aceite isso e não se identifique. Ao aceitar, você fica acima, permanece além. Ao brigar, você desce para o mesmo nível. Aceitação é transcendência.

Ao aceitar, você está sobre uma colina e o corpo é deixado para trás. Você diz: "Sim, tal é a sua natureza. O que nasce terá de morrer. E se o que nasce tem de morrer, algumas vezes ficará doente. Não é preciso se preocupar tanto", como se isso não estivesse acontecendo com você e apenas acontecendo no mundo das coisas. Esta é a beleza: quando você não está lutando, você transcende, deixa de ficar no mesmo nível, e essa transcendência se torna uma força de cura. Subitamente o corpo começa a mudar.

O mesmo acontece com as preocupações mentais, com as tensões, ansiedades, angústias... Você está preocupado com uma certa coisa. O que é a preocupação? Você não pode aceitar o fato, essa é a preocupação. Você gostaria que, de alguma maneira, ele fosse diferente do que é; você está preocupado porque tem algumas ideias para impor à natureza.

Por exemplo: você está envelhecendo e fica preocupado, pois gostaria de ficar jovem para sempre, e essa é a preocupação. Você ama sua esposa, depende dela e ela está pensando em ir embora, em ficar com outro homem; você fica preocupado, pois o que acontecerá com você? Você depende muito dela, sente muita segurança com ela. Quando ela se for, não haverá segurança; ela não foi apenas uma esposa para você, mas também uma mãe, um abrigo, e você pode ir até ela e se esconder do mundo inteiro. Você pode contar com ela, ela estará ali. Mesmo se o mundo inteiro for contra você, ela não estará contra você; ela é um consolo. Agora ela está

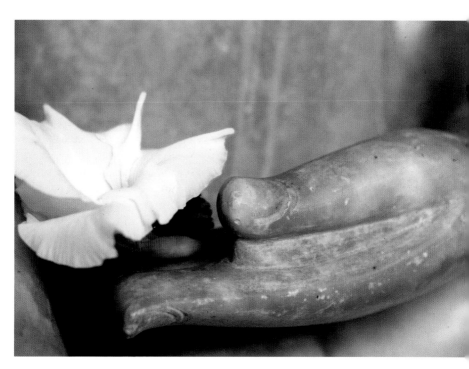

partindo; o que acontecerá com você? De repente você entra em pânico, fica muito preocupado.

O que você está expressando? O que está expressando com a sua preocupação? Você está expressando que não pode aceitar o que está acontecendo, que não deveria ser assim. Você esperava que fosse diferente, justamente o contrário, queria que sua esposa fosse sua para todo o sempre, e agora ela está indo embora.

Mas o que você pode fazer? Quando o amor acaba, o que você pode fazer? Não há mais jeito, você não pode forçar o amor, não pode forçar sua esposa a ficar com você. Mas você pode forçar, forçá-la a ficar, e é isso o que a maioria faz. O corpo morto estará presente, mas o espírito vivo terá partido; então *isso* será uma tensão para você.

Nada pode ser feito contra a natureza. O amor foi um florescimento, e agora a flor murchou. A brisa entrou na sua casa e agora partiu para outra. Assim é que são as coisas, elas ficam se movendo e mudando. O mundo das coisas é um fluxo, nada é permanente ali. Não tenha expectativa! Se você esperar a permanência no mundo em que tudo é impermanente, criará preocupação.

Você gostaria que esse amor durasse para sempre, mas nada pode durar para sempre neste mundo, pois tudo o que pertence a este mundo é momentâneo. Essa é a natureza das coisas, aquilo que é, *tathata*. Agora você sabe que o amor desapareceu e isso lhe dá tristeza; tudo bem, aceite a tristeza. Você se sente trêmulo; aceite o tremor, não o reprima. Você sente vontade de chorar; então chore, aceite isso! Não force, não ponha uma máscara, não finja que não está preocupado, pois isso não vai ajudar. Se você está preocupado, você está preocupado; se a esposa está partindo, ela está partindo; se não há mais amor, não há mais amor. Você não pode lutar contra o fato e precisa aceitá-lo.

Se você o aceitar de má vontade, ficará continuamente na dor e no sofrimento. Se você aceitar o fato sem nenhuma queixa, não no estado de impotência, mas no de compreensão, isso se tornará aceitação daquilo que é. Então você deixa de ficar preocupado, então não existe problema, porque o problema surgiu não devido ao fato, mas porque você não pode aceitá-lo da maneira que ele estava acontecendo. Você queria que ele seguisse a sua ideia.

Lembre-se, a vida não seguirá você; é você que precisa seguir a vida. Com má vontade ou com alegria, a escolha é sua. Se você seguir com má vontade, sofrerá; se seguir com alegria, se tornará um buda e sua vida se tornará um êxtase.

Buda também precisa morrer – as coisas não mudarão especialmente para ele –, mas morre de maneira diferente. Ele morre alegremente, como se não houvesse morte; ele simplesmente desaparece, pois diz: "Tudo o que nasce irá morrer, o nascimento implica a morte, então tudo bem, nada pode ser feito a respeito".

Você pode ficar infeliz e morrer, mas então perde o principal, a beleza que a morte pode lhe dar, a graça que acontece no último momento, a iluminação que acontece quando o corpo e a alma se separam. Você perderá isso porque está muito preocupado e muito apegado ao passado e ao corpo; seus olhos estão fechados. Você não pode perceber o que está acontecendo porque não pode aceitá-lo. Então você fecha os olhos, fecha todo o seu ser e morre, e morrerá muitas vezes e continuará a perder o principal.

A morte é bela se você puder aceitar, se puder abrir a porta com um coração acolhedor, dando uma calorosa recepção: "Sim, porque, se nasci, morrerei. Chegou o dia, o círculo se completou". Você recebe a morte como uma convidada, uma convidada bem-vinda, e imediatamente a qualidade do fenômeno muda. De repente você é imortal: o corpo está morrendo, *você* não está morrendo. Você pode perceber agora que apenas as roupas estão caindo, e não você; apenas a capa, o recipiente, e não o conteúdo; a consciência permanece em sua luminosidade, e ainda mais luminosa, porque na vida muitas foram as

> *Lembre-se, a vida não seguirá você; é você que precisa seguir a vida.*

capas sobre sua consciência. Na morte ela está despida e, quando a consciência está totalmente despida, ela tem um esplendor próprio e é a coisa mais bela do mundo.

Mas para isso, uma atitude de aceitação daquilo que é precisa ser assimilada. Quando digo assimilada, quero dizer assimilada, e não apenas ter um pensamento mental, e não ter a "filosofia da aceitação", mas toda a sua maneira de vida se torna aceitação daquilo que é. Você nem mesmo pensa a respeito... ela simplesmente se torna natural.

Você come aceitando aquilo que é, dorme aceitando aquilo que é, respira aceitando aquilo que é, ama aceitando aquilo que é, chora aceitando aquilo que é... Esse se torna seu próprio estilo de vida, e você não precisa se preocupar com ele, não precisa pensar nele; essa é a maneira que você é. É isso o que quero dizer com a palavra *assimilar*. Você assimila, digere a aceitação; ela flui em seu sangue, penetra fundo em seus ossos, chega à própria batida do seu coração. Você aceita.

A palavra *aceitar* não é muito boa; ela está carregada de significado – por sua causa, não por causa da palavra – porque você aceita somente quando se sente impotente. Você aceita com má vontade, aceita de uma maneira desanimada, aceita somente quando não pode fazer mais nada. Mas no fundo você ainda quer que seja diferente, ficaria feliz se fosse diferente. Você aceita como um mendigo, e não como um rei, e a diferença é muito grande.

Se sua esposa ou marido for embora, você acaba aceitando. O que se pode fazer? Você chora, lamenta-se e por muitas noites remói pensamentos e preocupações, tem muitos pesadelos e sofrimentos... então o que fazer? O tempo cura, não o entendimento. Lembre-se, o tempo é necessário somente porque você não está disposto a entender, senão aconteceria uma cura *instantânea*. O tempo é necessário porque você não está disposto a entender. Assim, aos poucos, em seis meses, oito meses ou um ano, as coisas tornam-se vagas, ficam perdidas na memória, cobertas com muita poeira. Depois de um ano, aos poucos você vai esquecendo.

Mesmo assim, de vez em quando a ferida se abre. Uma mulher passa pela rua e subitamente você se lembra; alguma semelhança, a maneira como ela anda, e a esposa é relembrada; a ferida ressurge. Então você se apaixona por alguém, mais poeira se junta e você se lembra menos. Mas mesmo com uma nova mulher, a maneira que às vezes ela olha... e sua antiga esposa vem à sua mente. A maneira como ela canta no banheiro. e a memória aflora e a ferida está ali, ainda viva.

Isso machuca porque você carrega o passado, carrega tudo; é por isso que você está tão sobrecarregado. Você carrega tudo! Você era uma criança e a criança ainda está presente; você a carrega. Você era um adolescente, e o adolescente ainda está presente com todas as suas feridas, experiências e tolices; ele está presente.

Você carrega todo o seu passado, camada sobre camada; tudo está aí.

É por isso que às vezes você retrocede. Se algo acontece e você se sente impotente, começa a chorar como uma criança. Você retrocedeu no tempo e a criança entrou em cena. A criança é mais eficiente ao chorar do que você, então ela aparece, se incorpora e você começa a chorar e a choramingar. Você até pode começar a chutar as coisas, como uma criança tendo um acesso de raiva. Mas tudo está presente.

Por que tanto fardo é carregado? Porque você nunca aceitou nada de verdade. Preste atenção: se você aceita algo, ele nunca se torna um fardo, a ferida não é carregada. Você aceitou o fenômeno, então não há nada para carregar dele, você está fora dele. Por meio da aceitação, você fica fora dele; por meio de uma aceitação indiferente, impotente, você carrega a coisa com você.

Lembre-se do seguinte: tudo o que for incompleto será carregado pela mente para sempre; tudo o que for completo é abandonado. Porque a mente tem a tendência de carregar coisas incompletas, na esperança de que algum dia possa haver uma oportunidade de completá-las. Você ainda está esperando a esposa voltar, ou o marido, ou os dias que se foram; você ainda está esperando. Você não transcendeu o passado, e por causa de um passado tão carregado, você não pode viver no presente. Seu presente é uma confusão por causa do passado, e seu futuro será a mesma coisa, porque o passado ficará cada vez mais pesado. A cada dia ele está ficando mais pesado.

Quando você realmente aceita, nessa atitude de aceitação daquilo que é, não existe mágoa e

SATISFAÇÃO PLENA

Quando você aceita tudo, a sua vida se torna uma alegria. Ninguém pode fazer com que você fique infeliz, nada pode deixá-lo infeliz.

Um homem com apenas três fios de cabelo entrou num salão de cabeleireiro e pediu para que lavassem seus cabelos e depois lhe fizessem uma trança. O cabeleireiro começou o trabalho e, quando estava terminando de penteá-los, um dos fios caiu.

O cabeleireiro ficou muito constrangido, mas o homem apenas disse: "Bem, o que fazer? Acho que agora é melhor partir o cabelo ao meio!"

Com muito cuidado, o cabeleireiro pôs um fio de cabelo para o lado direito e estava para colocar o outro para o esquerdo quando este também caiu. Ele se desculpou o mais que pôde, mas o homem encarou a coisa com serenidade.

"Bem", ele disse, "acho que agora terei de andar por aí com o cabelo despenteado".

Isso é *tathata*, é aceitação total! Esse homem não pode ser perturbado. Ele está sempre satisfeito, sempre encontra uma maneira de ficar satisfeito. Essa é uma grande arte. E uma pessoa que sempre arranja uma maneira de ficar satisfeita tem a capacidade de perceber as coisas com clareza.

A insatisfação encobre os seus olhos e a sua visão; a satisfação torna seus olhos desanuviados e a sua visão clara. Você pode ter uma visão penetrante e pode entender as coisas como elas são.

você não é impotente. Você simplesmente entende que essa é a natureza das coisas.

Por exemplo, se eu quiser sair do quarto, sairei pela porta e não pela parede, porque tentar sair pela parede seria apenas bater a cabeça contra ela. Isso é tolice. É da natureza da parede oferecer obstáculo; dessa maneira, você não tenta passar através dela! É da natureza da porta permitir que você passe por ela, porque a porta é vazia, e você pode passar por ela.

Quando um buda aceita, ele aceita as coisas como sendo a parede e a porta. Ele passa pela porta e diz que essa é a única maneira. Primeiro você tenta passar através da parede e se machuca de milhões e milhões de maneiras. E quando você não pode sair e fica esmagado, derrotado, deprimido e derrubado, então você se arrasta em direção à porta. Você poderia ter ido pela porta já no começo! Por que você tentou e começou a brigar contra a parede?

Se você puder olhar as coisas com clareza, simplesmente não agirá dessa maneira, tentando fazer de uma parede uma porta. Se o amor desapareceu, ele desapareceu! Agora há uma parede; não tente passar por ela. Agora a porta não está mais presente, o coração não está mais presente, ele se abriu para outra pessoa. Você não está sozinho aqui, existem outros também. A porta não está mais presente, e para você ela se tornou uma parede. Não tente e não bata a cabeça contra ela. Você ficará ferido sem necessidade, e ferido e derrotado, mesmo a porta não será algo belo a se atravessar.

Simplesmente olhe para as coisas. Se algo for natural, não tente forçar nada sobre isso que não seja natural. Opte pela porta e saia. Se

todos os dias você estiver tentando a tolice de atravessar a parede, então você fica tenso e se sente em constante confusão. A angústia se torna sua própria vida, a essência de sua vida.

Por que não olhar para os fatos como eles são? Por que você não pode olhar para os fatos? Porque seus desejos são grandes demais. Você insiste em ter esperança contra todas as evidências.

Simplesmente observe. Sempre que houver uma situação, não deseje nada, porque o desejo o desviará. Não deseje e não imagine, simplesmente observe o fato com toda a sua consciência disponível... e de repente uma porta se abre. Nunca atravesse a parede; atravesse a porta, sem se machucar. Então você não se sobrecarrega.

Lembre-se, aceitação é compreensão, e não uma sina irremediável. Essa é a diferença... Há pessoas que acreditam na sina, no destino, e dizem: "O que podemos fazer? Deus quis assim... Meu filho morreu, então é a vontade de Deus e essa é a minha sina. Estava escrito, isso iria acontecer de qualquer jeito". Mas no fundo há rejeição, e esses são apenas truques para polir a rejeição. Você conhece Deus? Você conhece o destino? Você sabe se ele estava escrito? Não, essas são racionalizações, ideias que você usa para se consolar.

A atitude da aceitação daquilo que é não é fatalista, não leva em conta Deus, a sina ou o destino; nada disso. Ela diz: "Simplesmente observe as coisas, simplesmente observe a facticidade das coisas, entenda. E existe uma porta, sempre existe uma porta". Você transcende.

A aceitação daquilo que é significa aceitação com um coração total e acolhedor, e não em estado de impotência.

os ensinamentos 91

o caminho do meio

GAUTAMA BUDA foi a primeira pessoa a usar as palavras "ficar no meio", e, é claro, ninguém foi capaz de aperfeiçoar o significado que ele deu à palavra *meio*.

Ele chamou o seu caminho de o caminho do meio. O primeiro significado é que, se você puder evitar os dois extremos, o da direita e o da esquerda, se puder ficar exatamente no meio dos dois extremos, não estará no meio, mas terá transcendido toda a trindade dos extremos e o meio. Se você abandonar os dois extremos, o meio desaparecerá espontaneamente. Meio do quê...?

A insistência de Gautama Buda sobre o meio não é sobre o meio; na verdade, é uma maneira sutil de persuadir você à transformação. Mas dizer-lhe diretamente para ser transformado pode deixar você apreensivo e com medo. Estar no meio parece ser muito simples.

Gautama Buda brinca com a palavra por pura compaixão. Seu próprio termo para o meio é *majjhim nikaya*, o caminho do meio. Todo extremo precisa excluir o outro extremo, todo extremo precisa estar em oposição à outra polaridade. O negativo é contra o positivo, o menos é contra o mais, a morte é contra a vida. Se você tomá-los como extremos, naturalmente eles aparentam ser opostos.

Mas a pessoa que consegue parar exatamente no meio transcende de imediato todos os extremos e ao mesmo tempo o meio. A partir do ponto de vista mais elevado de um ser transformado, você pode perceber que absolutamente não existe oposição. Os extremos não são opostos, não são contraditórios, mas apenas complementares.

A vida e a morte não são inimigas, mas partes de um único processo. A morte não acaba com a vida, mas simplesmente a renova, dá-lhe uma nova forma, um novo corpo, um novo plano de consciência. Ela não é contra a vida; observada corretamente, ela é um processo de revigoramento da vida, de rejuvenescimento da vida. O dia não é contra a noite...

Na existência, não há oposição em nada; todos os opostos contribuem com o todo. A existência é uma unidade orgânica, ela não exclui nada; ela é toda inclusiva.

A pessoa que consegue parar no meio vem a conhecer essa fantástica experiência, a de que não existem opostos, não existem contradições. Toda a existência é uma só, e nessa unidade to-

A existência é uma unidade orgânica, ela não exclui nada; ela é toda inclusiva.

das as contradições, todos os opostos, todos os contrários desaparecem numa única unidade. Então a vida inclui a morte, então o dia inclui a noite. Uma pessoa que consegue experimentar essa unidade orgânica fica destemida e sem nenhuma angústia ou aflição. Pela primeira vez ela percebe sua própria vastidão, pois ela é tão vasta quanto toda a existência. No momento em que alguém transcende os opostos e vem a conhecê-los como complementares, ele não é apenas parte do todo, mas se torna o todo.

E deixe-me dizer-lhe o absurdo final. De vez em quando, em alguém como Gautama Buda, Mahavira, Chuang Tzu ou Lao Tzu, acontece de a parte se tornar *maior* do que o todo. Absolutamente ilógico e não matemático, mas mesmo assim absolutamente correto. Um Gautama Buda não apenas contém o todo, mas por causa de sua transformação ele é um pouco mais do que o todo. O todo não está ciente de sua complementariedade, mas Gautama Buda está, e é aí que ele transcende e se torna maior do que o todo, embora seja apenas uma parte dele.

Ficar no meio é um dos maiores métodos de transformar a si mesmo no supremo. Para se preparar para ficar no meio, você terá de abandonar

todas as ideias extremistas. E todas as suas ideias são extremistas, da direita ou da esquerda, cristã ou muçulmana, hindu ou budista. Você escolheu, não permitiu uma consciência sem escolhas, que aceita tudo o que é.

Todos os seus preconceitos são suas escolhas. Para levar você ao meio, sou contra todos os seus preconceitos.

O papa ouviu dizer que uma certa senhora da Irlanda dera à luz dez crianças, então ele enviou um de seus cardeais para abençoá-la.

Quando o cardeal chegou à senhora, ficou desgostoso por saber que ela não era católica. "Você quer dizer", ele bradou, "que percorri todo esse caminho para encontrar uma protestante maníaca sexual?"

É isso o que acontece com todos os preconceitos. Um *saniasin* é aquele que não tem preconceitos, que não escolheu nenhuma ideologia para ser a sua, que percebe tudo o que é sem escolher. Nessa ausência de escolha, você estará no meio. No momento em que você escolhe, escolhe algum extremo; no momento em que você escolhe, escolhe contra algo; do contrário, não haveria escolha. Estar numa consciência sem escolha é um outro significado de estar no meio.

Aconteceu de um jovem príncipe muito bonito, de nome Shrona, ouvir falar de Gautama Buda, que estava visitando a capital do reino do jovem. Ao ouvir falar de Buda, o príncipe imediatamente pediu para ser iniciado. Ele era um tocador de cítara bem famoso e também era conhecido por viver no luxo, no mais completo luxo.

Conta-se que, quando ele subia escadas, em vez de haver um corrimão, mulheres nuas e belas ficavam ombro a ombro ao longo da escadaria, servindo-lhe de corrimão; essa era a sua maneira de subir escadas. Ele costumava dormir o dia inteiro, pois a ressaca da noite anterior era muito grande; toda noite era uma noite de celebrações, de bebida, comida, música, dança. Ele não tinha tempo para dormir à noite.

Todos sabiam muito bem disso. Gautama Buda nunca hesitara em dar iniciação a alguém, mas naquele momento ele hesitou e disse: "Shrona, sei tudo sobre você e gostaria que você reconsiderasse, que pensasse melhor. Não há pressa, pois ainda vou ficar nesta capital pelos quatro meses da estação das chuvas".

Nos quatro meses da estação das chuvas, Gautama Buda nunca se deslocava de cidade em cidade, nem seus *saniasins*. Por oito meses do ano eles perambulavam continuamente e compartilhavam suas experiências de meditação e seus estados elevados de consciência. Porque 25 séculos atrás havia apenas estradas de terra e Buda não permitia que seus discípulos tivessem nenhuma posse, nem mesmo um guarda-chuva, nenhum sapato, mas apenas três peças de roupa... Uma era para qualquer emergência, e duas para que a pessoa pudesse trocar de roupa todos os dias após o banho; não era permitido ter mais do que três peças de roupa. Na estação das chuvas seria difícil mantê-las secas, e andar na lama sob chuvas torrenciais poderia fazer com que muitas pessoas ficassem doentes.

Por essa razão, ele estabeleceu que, por quatro meses, eles ficariam num só lugar, e quem quisesse poderia procurá-los. Por oito meses eles deveriam ir a toda pessoa sedenta, e por quatro meses quem quisesse poderia vir até eles.

Então ele disse: "Não há pressa, Shrona".

Mas Shrona replicou: "Quando tomo uma decisão, nunca reconsidero. Você precisa me dar iniciação agora mesmo".

Buda ainda tentou persuadi-lo: "Não há mal em reconsiderar, pois você viveu uma vida de completo luxo. Você nunca caminhou na rua e sempre foi transportado por uma carruagem de ouro, nunca saiu de seu palácio luxuoso e de seus jardins e continuamente viveu com belas mulheres, com grandes músicos e dançarinas. Quando você se tornar *saniasin*, tudo isso não será mais possível". E disse a Shrona: "Você não será capaz. E não gosto que ninguém volte para o mundo, porque isso faz com que a pessoa perca o respeito por si mesma. É por isso que estou lhe dizendo para considerar..."

Shrona replicou: "Eu refleti muito sobre o fato e ainda quero ser iniciado agora mesmo. Quanto mais você me diz para reconsiderar, mais eu fico decidido e obstinado".

Gautama Buda teve de ceder e lhe dar a iniciação, e a partir do segundo dia houve problema, mas um problema que nenhum *saniasin* de Gautama Buda esperava, um problema que talvez Gautama Buda esperasse que acontecesse.

Enquanto todos os monges tinham três peças de roupa, Shrona começou a viver sem roupa, indo de um extremo a outro. Enquanto todos os *bhikkus* budistas caminhavam na estrada, Shrona sempre caminhava sobre os espinhos ao lado dela. Enquanto os outros monges descansavam

sob a sombra de árvores, Shrona sempre ficava sob o sol escaldante no meio do dia.

Em apenas seis meses, um príncipe belo e jovem se transformou praticamente num velho, num esqueleto lúgubre; era impossível reconhecer aquele grande príncipe, famoso por sua vida luxuosa. Seus pés sangravam, todo o seu corpo definhou... Depois de seis meses, uma noite Gautama Buda foi até a árvore sob a qual ele dormia. Esta foi uma das raras ocasiões em que Buda se dirigiu à noite a algum de seus *saniasins*. Não há outro incidente como este, pelo menos nas escrituras budistas. É o único do gênero.

Ele acordou Shrona e lhe fez uma pergunta muito estranha: "Ouvi dizer que, quando você era príncipe, também era um dos melhores tocadores de cítara do país. Isso é verdade?"

Shrona disse: "Você poderia ter perguntado numa outra hora. Não entendo por que perguntar isso no meio da noite".

Gautama Buda disse: "Espere um pouco, você entenderá o motivo".

Shrona então respondeu: "Sim, é verdade".

Buda continuou: "Agora a segunda pergunta é: se as cordas da cítara estiverem muito apertadas, sairá alguma música delas?"

Shrona respondeu: "É claro que não. Se elas estiverem muito apertadas, elas se partirão".

Buda continuou a perguntar: "E se elas estiverem muito frouxas, haverá alguma música?"

Shrona disse: "Você está fazendo perguntas estranhas no meio da noite. Quando as cordas estão muito frouxas, não podem produzir ne-

> *Encontre sempre o meio-termo e você encontrará o caminho da meditação e o caminho da libertação.*

nhuma música. Uma certa tensão é necessária; na verdade, é simples tocar cítara e a verdadeira maestria é manter as cordas exatamente no meio termo, nem muito apertadas nem muito soltas".

Buda disse: "É disso que quero lhe falar. A vida também é um instrumento musical: muito apertada, não há música; muito solta, também não há música. As cordas da vida precisam estar exatamente no meio, nem muito apertadas nem muito frouxas; somente então haverá música. E somente um mestre sabe como mantê-las no meio-termo. Por você ter sido um mestre da cítara, gostaria que também se tornasse um mestre da vida. Apenas não passe de um extremo ao outro, do luxo para a austeridade, dos prazeres para o autossacrifício. Tente ficar exatamente no meio".

Num certo sentido, Gautama Buda é um dos psicólogos mais profundos que o mundo já produziu. Ficar no meio em cada ação de sua vida... encontre sempre o meio-termo e você encontrará o caminho da meditação e o caminho da libertação.

correta atenção

O SER HUMANO É UMA MULTIDÃO, uma multidão de muitas vozes, relevantes ou irrelevantes, consistentes ou inconsistentes – cada voz puxando a pessoa à sua maneira, todas elas despedaçando-a. Normalmente, o ser humano é uma confusão só, praticamente um tipo de loucura. Você dá um jeito, consegue parecer saudável, mas no fundo camadas e mais camadas de insanidade estão fervilhando dentro de você. Elas podem eclodir a qualquer momento, seu controle pode ser perdido a qualquer momento, pois ele é exercido a partir de fora; não é uma disciplina que vem do centro do seu ser.

Por razões sociais, econômicas e políticas, você se forçou a assumir um certo caráter, mas dentro de você existem muitas forças vitais contrárias a ele. As forças estão continuamente sabotando esse caráter, daí a cada dia você cometer muitos enganos e erros. Às vezes você sente que nunca quis fazer determinada coisa e, mesmo assim, continua a cometer muitos erros – porque você não é um só, mas muitos.

Buda não chama esses erros de pecado, porque chamá-los de pecado seria condenar você. Ele simplesmente os chama de má conduta, enganos e erros. Errar é humano, não errar é divino, e o caminho do humano ao divino passa pela atenção plena. Essas muitas vozes dentro de você podem parar de torturá-lo, de puxá-lo, de empurrá-lo; se você ficar atento, essas muitas vozes podem desaparecer.

No estado de atenção, não são cometidos enganos; não que você os controle, mas no estado de atenção, em que você está alerta e consciente, as vozes, as muitas vozes cessam; você simplesmente se torna integrado, e tudo o que você faz vem do próprio âmago do seu ser e nunca está errado. Isso precisa ser entendido.

No moderno Movimento do Potencial Humano há um paralelo que ajuda a entender isso. É o que a Análise Transacional chama de triângulo "PAC". P significa Pai, A significa Adulto, C significa Criança. Essas são suas três camadas, como se você fosse um prédio de três andares. O primeiro andar é o da criança, o segundo é o do pai e o terceiro é o do adulto, e todos os três coexistem. Esse é o seu triângulo interior e o conflito. Sua criança diz uma coisa, seu pai diz outra, e seu adulto, a mente racional, diz outra coisa diferente.

A criança diz "divirta-se". Para a criança, este momento é o único que existe e ela não tem outras considerações. A criança é espontânea, mas não tem consciência das consequências – está alheia ao passado e ao futuro. Ela vive no momento e não tem valores, não tem atenção plena e não tem consciência. A criança consiste no sentir, ela vive por meio do sentimento. Todo o seu ser é irracional.

É claro que ela entra em muitos conflitos com os outros e em muitas contradições consigo mesma, porque um sentimento a ajuda a fazer uma coisa, então subitamente começa a brotar nela um outro sentimento. A criança nunca consegue completar coisa nenhuma. No momento em que ela poderia completar, seu sentimento já mudou. Ela começa muitas coisas, mas nunca chega a nenhuma conclusão; a criança permanece inconclusa. Ela desfruta, mas seu desfrute não é criativo, não pode ser criativo. Ela se deleita, mas a vida não pode ser vivida apenas pelo deleite. Não se pode ser criança para sempre; você terá de aprender muitas coisas, porque não está sozinho aqui.

Se você estivesse sozinho, não haveria problema; você poderia continuar criança para sempre. Mas existe a sociedade, existem milhões de pessoas, e você precisa seguir muitas regras, muitos valores; do contrário, haverá tanto conflito que a vida ficará impossível. A criança precisa ser disciplinada, e é aí que entra o pai.

A voz do pai em você é a voz da sociedade, da cultura, da civilização, a voz que o torna capaz de viver num mundo onde você não está sozinho, onde há muitos indivíduos com ambições conflitantes, onde há muitas batalhas pela sobrevivência, onde há muitos conflitos. Você precisa fazer o seu caminho e precisa caminhar com muita cautela.

A voz do pai é a da cautela; ela torna você civilizado. A criança é selvagem, e a voz do pai ajuda você a se tornar civilizado. A palavra *civil* é boa; ela significa aquele que se tornou capaz de viver numa cidade, que se tornou capaz de ser membro de um grupo, de uma sociedade.

A criança é muito ditatorial, ela acha que é o centro das atenções, e todos pensam dessa ma-

neira. O pai precisa lhe ensinar que você não é o centro das atenções, precisa deixá-lo cada vez mais ciente de que existem muitas pessoas no mundo, de que você não está sozinho. Você precisa considerá-las, se quiser que elas o considerem. Do contrário, você será esmagado. É uma pura questão de sobrevivência, de prudência, de política.

A voz do pai lhe dá mandamentos, o que fazer, o que não fazer. O pai faz com que você fique cauteloso, e isso é necessário.

Então, existe a terceira voz dentro de você, a terceira camada, quando você se torna adulto e não é mais controlado pelos pais; sua própria ra-

zão amadurece e você pode pensar por conta própria.

A criança se baseia em conceitos sentidos, o pai em conceitos ensinados, o adulto em conceitos pensados. E essas três camadas estão continuamente brigando entre si. A criança diz uma coisa, o pai diz justamente o oposto, e a razão pode dizer algo totalmente diferente.

Você vê um prato delicioso e a criança diz para você comer tanto quanto quiser; a voz do pai diz que muitas coisas precisam ser consideradas. Você está mesmo com fome ou quer comer só porque o cheiro e o sabor da comida são bons? Ela é realmente nutritiva? Ela nutrirá seu corpo ou pode ser prejudicial a você? Espere, escute, não corra. E então há a mente racional, a mente adulta, que pode dizer uma coisa totalmente diferente.

Não há necessidade de sua mente adulta concordar com os seus pais. Seus pais não são oniscientes, não são pessoas que sabem tudo; eles são seres humanos tão falíveis quanto você, e muitas vezes você encontra falhas em seu pensar, muitas vezes percebe que eles são muito dogmáticos, supersticiosos, acreditando em to-

lices, em ideologias irracionais. Seu adulto diz para não fazer, seu pai diz para fazer, seu adulto diz que não vale a pena fazer, e sua criança fica empurrando você para uma outra coisa. Esse é o triângulo dentro de você.

Se você escutar a criança, seu pai ficará com raiva. Assim, uma parte se sente bem... você pode comer tanto sorvete quando quiser. Mas seu pai interior fica com raiva, uma parte sua começa a condenar, e então você começa a se sentir culpado. Surge a mesma culpa que costumava surgir quando você era realmente criança. Você não é mais criança, mas a criança não desapareceu. Ela está aí, é o seu andar térreo, sua base, sua fundação.

Se você seguir a criança, se seguir o sentimento, o pai ficará com raiva e você começará a se sentir culpado. Se você seguir o pai, sua criança sentirá que está sendo forçada a fazer coisas que não quer fazer e que está recebendo interferências e transgressões desnecessárias. Quando você escuta o pai, perde a liberdade e sua criança começa a ficar rebelde.

Se você escuta o pai, sua mente adulta diz: "Que absurdo! Essas pessoas nunca souberam

> *Buda diz que a correta atenção é a única virtude que existe.*

de nada. Você sabe mais, está mais em sintonia com o mundo moderno, é mais contemporâneo, e essas ideologias são apenas ideologias mortas e ultrapassadas. Por que você está se importando com elas?" Se você escuta a razão, também sente que está traindo seus pais, e de novo surge a culpa. O que fazer? É praticamente impossível descobrir alguma coisa com que todas essas três camadas concordem.

Essa é a ansiedade humana. Não, nunca essas três camadas concordam umas com as outras; jamais chegam a um acordo.

Há professores que acreditam na criança; eles enfatizam mais a criança. Por exemplo, Lao Tzu diz: "O acordo não virá, então deixe de lado a voz do pai, esses mandamentos, esses velhos testamentos; deixe de lado todos os 'deverias' e se torne novamente uma criança". É isso o que Jesus diz. A ênfase de Lao Tzu e de Jesus é a de se tornar novamente uma criança, porque apenas com a criança você será capaz de recuperar a espontaneidade e novamente se tornará parte do fluxo natural, do Tao.

A mensagem deles é bela, mas parece impraticável. Sim, às vezes alguém consegue; uma pessoa se torna novamente uma criança, mas isso é tão excepcional que não é possível pensar que a humanidade se tornará novamente crian-

ça. Isso é belo como uma estrela... Mas muito distante, fora de alcance.

Então há outros professores, como Mahavira, Moisés, Maomé e Manu, e eles dizem para escutar a voz do pai, para escutar a moral, o que a sociedade diz, o que lhe foi ensinado. Escute e siga; se você quer estar à vontade no mundo, se quer estar em paz no mundo, escute o pai e nunca vá contra a voz dele.

Foi mais ou menos isso que o mundo seguiu, mas então a pessoa nunca se sente espontânea, nunca se sente natural e sempre se sente confinada, enjaulada. E quando você não se sente livre, pode se sentir tranquilo, mas essa tranquilidade não tem valor. A menos que a paz venha com a liberdade, você não pode aceitá-la; a menos que a paz venha com o estado de plenitude, você não pode aceitá-la. Ela traz conveniência e conforto, mas sua alma sofre.

Sim, houve algumas pessoas que conseguiram, por meio da voz do pai, realmente chegam à verdade. Mas isso também é muito raro. E esse mundo se foi. Talvez no passado, Moisés, Manu e Maomé fossem úteis. Eles deram mandamentos ao mundo: "Faça isto, não faça aquilo". Eles tornaram as coisas simples, muito simples, não deixando nada para você decidir; eles não confiaram que você seria capaz de decidir e simplesmente lhe deram uma fórmula pronta: "Estes são os Dez Mandamentos a serem seguidos. Simplesmente faça isso, e tudo o que você espera, tudo o que você deseja será consequência. Apenas seja obediente".

Todas as velhas religiões enfatizaram demais a obediência. A desobediência é o único pecado; é isso o que o cristianismo diz. Adão e Eva foram expulsos do jardim de Deus porque desobedeceram. Deus disse para eles não comerem o fruto da árvore do conhecimento e eles desobedeceram. Esse foi seu único pecado, mas toda criança está cometendo esse pecado. O pai diz: "Não fume", e ela fuma; o pai diz: "Não vá ao cinema", e ela vai. A história de Adão e Eva é a história de toda criança. E então a condenação, a expulsão...

Para Manu, Maomé e Moisés, obediência é religião. Mas esse mundo se foi, e por meio dele muitos não conseguiram ir além; muitos se tornaram pacíficos, bons cidadãos, membros respeitáveis da sociedade, mas só isso.

Então há a terceira ênfase, a de ser adulto. Confúcio, Patanjali ou agnósticos modernos como Bertrand Russell e todos os humanistas do mundo, todos eles enfatizam: "Acredite apenas em sua razão". Isso parece muito árduo, tanto que a vida inteira da pessoa se torna apenas um conflito. Por você ter sido educado pelos pais, foi condicionado por eles. Se você escutar apenas a razão, precisará negar muitas coisas em seu ser. Na verdade, toda a sua mente precisa ser negada, e não é fácil apagá-la.

E você nasceu como uma criança irracional, isso também tem de ser levado em consideração. Basicamente, você é um ser que sente e a razão vem depois. Na verdade, ela vem quando tudo o que precisa acontecer já aconteceu. Os psicólogos dizem que a criança adquire quase 75 por cento de todo o seu conhecimento até os sete anos de idade. Setenta e cinco por cento de todo o seu conhecimento até os sete anos de idade, cinquenta por cento até os quatro anos de idade... Toda essa aprendizagem acontece

quando você é uma criança, e a razão vem muito depois. Ela é um advento tardio.

É difícil viver apenas com a razão. Algumas pessoas tentaram, um Bertrand Russell aqui e ali, mas ninguém chegou à verdade por meio dela, porque só a razão não é suficiente.

Todos esses ângulos foram escolhidos e tentados, e nada funcionou. O ponto de vista de Buda é totalmente diferente; essa é sua contribuição original à consciência humana. Ele diz para não escolher nenhum, mas para entrar no centro do triângulo. Não escolha a razão, não escolha o pai e não escolha a criança. Sua abordagem é imensamente significativa: simplesmente entre no próprio centro do triângulo, permaneça silencioso e fique atento, e então será capaz de ter uma perspectiva clara do seu ser. E a partir dessa perspectiva e clareza, deixe que a resposta venha.

Podemos dizer isso de outra maneira. Se você agir como uma criança, essa será uma reação infantil. Muitas vezes você age como uma criança: alguém diz alguma coisa, você se ofende, tem um acesso de raiva e põe tudo a perder. Mais tarde você se sentirá muito mal com aquilo, pois você fez um papelão. Todo mundo o achava uma pessoa tão equilibrada, e você foi tão infantil, não havia motivo para tanto.

Ou então você segue a voz do pai; porém, mais tarde achará que ainda é dominado pelos seus pais, que ainda não se tornou um adulto, não se tornou maduro o suficiente para pegar as rédeas de sua vida em suas próprias mãos.

Às vezes você segue a razão, mas então acha que a razão não é suficiente e que o sentimento também é necessário. E sem o sentimento, um ser racional se torna apenas a cabeça, perde contato com o corpo e com a vida e fica desconectado. Ele age apenas como um mecanismo pensante, mas o pensar não pode torná-lo vivo; no pensar não há a seiva da vida, ele é algo muito árido. Então você anseia por algo que possa permitir que suas energias fluam novamente, que possa permitir que você fique aberto, vivo e jovem novamente. Isso continua indefinidamente e você fica perseguindo o próprio rabo.

Buda diz que essas são todas reações, e qualquer reação fatalmente será parcial; ele diz que somente a resposta é total, e tudo o que é parcial

é um engano. Esta é a sua definição de erro: tudo o que for parcial é um engano. Isso porque suas outras partes permanecerão insatisfeitas e se vingarão. Seja total! A resposta é total, a reação é parcial.

Quando você escuta uma voz e a segue, está se colocando numa encrenca, pois jamais ficará satisfeito com isso. Apenas uma parte ficará satisfeita, e as outras duas ficarão muito insatisfeitas. Assim, dois terços do seu ser ficarão insatisfeitos e um terço ficará satisfeito, e você sempre ficará num tumulto. Não importa o que você faça, a reação nunca pode satisfazê-lo, porque a reação é parcial.

Responda, pois a resposta é total. Então você não age a partir de nenhum ponto do triângulo, você não escolhe, mas simplesmente permanece numa percepção sem escolha. Você permanece centrado, e a partir desse centramento você age, sem ser a criança, o pai ou o adulto. Você foi além do "PAC" e agora é você, e não a criança, o pai ou o adulto; você é você, seu ser. Esse "PAC" é como um ciclone, e seu centro é o centro do ciclone.

Assim, Buda diz que sempre que houver uma necessidade de responder, a primeira coisa é ficar atento, consciente, lembrar-se de seu centro, estabelecer-se em seu centro. Esteja ali por alguns momentos antes de fazer qualquer coisa.

Não há necessidade de pensar a respeito, porque o pensar é parcial; não há necessidade de sentir a respeito, porque o sentir é parcial; não há necessidade de encontrar dicas de seus pais, da Bíblia, do Alcorão, do Gita, que são todos "P"; não há necessidade. Simplesmente permaneça tranquilo, silencioso, simplesmente alerta, observando a situação como se você estivesse absolutamente fora dela, distante, como um observador sobre as colinas.

Este é o primeiro requisito: ficar centrado sempre que você quiser agir. Depois, a partir desse centramento, deixe que o ato surja, e tudo o que você fizer será virtuoso, tudo o que você fizer estará certo.

Buda diz que a correta atenção é a única virtude que existe. Não estar atento é incorrer em erro, agir inconscientemente é incorrer em erro.

ESPERE PELA CLAREZA

Buda está passando por uma floresta. É um dia quente de verão e ele está com sede; então, pede a Ananda, seu guardião: "Ananda, volte. A uns cinco ou seis quilômetros daqui, passamos por um pequeno riacho. Leve a minha cumbuca e traga um pouco de água para mim. Estou com muita sede e muito cansado".

Ananda volta, mas quando chega ao riacho, alguns carros de boi estão acabando de passar por ele e deixam todo o pequeno riacho cheio de lama; folhas mortas que repousavam no fundo do riacho estão boiando por toda parte. Não é mais possível beber a água, ela está muito suja. Ele volta com as mãos vazias e diz: "Você terá de esperar um pouco. Eu seguirei em frente, pois ouvi dizer que a apenas três ou quatro quilômetros há um grande rio. Trarei água de lá".

Mas Buda insiste: "Volte e traga a água daquele riacho".

Ananda não consegue entender a insistência, mas se o mestre assim diz, o discípulo precisa seguir. Ele vai, mesmo percebendo o absurdo daquilo: de novo ter de caminhar cinco a seis quilômetros e sabendo que a água não é boa para beber.

Quando ele está partindo, Buda diz: "E não volte se a água ainda estiver suja. Se ela estiver suja, simplesmente se sente à margem em silêncio. Não faça nada, não entre no riacho. Sente-se tranquilamente à margem e observe. Mais cedo ou mais tarde a água ficará limpa de novo, e então encha a cumbuca e volte".

Ananda vai, e Buda está certo: a água está quase limpa, as folhas foram embora e a lama se assentou. Mas ela ainda não está absolutamente limpa, então ele se senta à margem observando o riacho fluir, e lentamente a água fica cristalina. Então ele volta dançando, entendendo agora por que Buda fora tão insistente. Havia uma certa mensagem para ele naquilo, e ele entendeu a mensagem. Ele dá a água a Buda, agradece-lhe e toca os seus pés.

Buda diz: "O que você está fazendo? Eu é que deveria lhe agradecer por ter trazido a água para mim".

Ananda diz: "Agora posso entender. Primeiro eu fiquei com raiva, embora não tivesse demonstrado, mas fiquei com raiva porque era um absurdo voltar. Contudo, agora entendo a mensagem. Aquilo era o que eu, na verdade, precisava naquele momento. O mesmo acontece com a minha mente; ao ficar sentado à margem daquele pequeno riacho, fiquei consciente de que o mesmo acontece com a minha mente. Se eu pular no riacho, novamente o deixarei sujo. Se eu mergulhar na mente, mais barulho será criado, mais problemas começarão a surgir, a aflorar. Ao ficar sentado ao lado do riacho, aprendi a técnica.

"Agora também ficarei sentado ao lado da minha mente, observando-a com todas as suas sujeiras, problemas, folhas mortas, mágoas, feridas, memórias, desejos. Sem me envolver, eu me sentarei à margem e esperarei pelo momento em que tudo estiver cristalino."

via negativa

O CAMINHO DE BUDA é conhecido como *via negativa*, o caminho da negação. Essa atitude, essa abordagem, precisa ser entendida.

A abordagem de Buda é única. Todas as outras religiões do mundo são religiões positivas, têm um objetivo positivo, chame-o de Deus, de libertação, salvação, autorrealização, mas há um objetivo a ser alcançado. E um esforço positivo é necessário por parte do buscador. A menos que você faça um esforço intenso, não atingirá o objetivo.

A abordagem de Buda é totalmente diferente, diametralmente oposta. Ele diz que você já é o que quer se tornar, que o objetivo está dentro de você, é a sua própria natureza. Não é para você atingi-lo, ele não está no futuro, não está em algum outro lugar. Ele é você agora, neste exato momento. Mas há alguns obstáculos, e esses obstáculos precisam ser removidos.

Não é que você precise atingir a divindade, pois ela é a sua natureza, mas há alguns obstáculos que precisam ser removidos. Uma vez removidos esses obstáculos, você é aquele que sempre procurou ser. Mesmo quando você não estava ciente de quem você era, você era aquilo; você não pode ser diferente. Os obstáculos precisam ser eliminados, abandonados. Assim, nada mais precisa ser adicionado a você.

A religião positiva tenta adicionar algo a você: virtude, correção, meditação, prece. A religião positiva diz que está faltando algo em você e que você deve procurar o que está faltando. Você precisa acumular algo.

A abordagem negativa de Buda diz que nada está faltando em você. Na verdade, você está carregando coisas demais que não são necessárias. Você precisa abandonar algo.

É como o seguinte: você vai fazer caminhadas no Himalaia e, quanto mais alto você chegar, mais sentirá o peso das coisas que carrega; sua bagagem ficará cada vez mais pesada. Quanto maior a altitude, mais sua bagagem ficará pesada. Você precisará abandonar coisas; se você quiser alcançar o pico mais elevado, terá de abandonar tudo.

Depois de abandonado tudo, quando não possuir nada, quando tiver se tornado um zero, um nada, um ninguém, você alcançou o pico. Algo precisa ser eliminado, e não adicionado a você; algo precisa ser abandonado, e não acumulado.

Quando Buda atingiu, alguém lhe perguntou: "O que você atingiu?" Ele riu e disse: "Não atingi nada, pois o que atingi sempre esteve comigo. Pelo contrário, perdi muitas coisas; perdi meu ego, meus pensamentos, minha mente... Perdi tudo o que costumava sentir que possuía; perdi meu corpo, pois costumava achar que eu *era* o corpo. Perdi tudo isso e agora existo como puro nada. Mas essa é a minha aquisição".

Deixe-me explicar melhor, pois isso é fundamental.

De acordo com a abordagem de Buda, no "começo sem começo" da existência, havia o sono absoluto; a existência estava dormindo profundamente, roncando, o que os hindus chamam de *sushupti*, um estado de sono sem sonhos. Toda a existência estava dormindo em *sushupti*, nada estava se movendo, tudo estava em repouso, tão intensa e completamente em repouso que se pode dizer que ela absolutamente não existia.

Quando você entra no *sushupti* a cada noite, quando os sonhos cessam, de novo você penetra no nada primordial. E, se durante a noite, não houver alguns momentos desse nada primordial, você não se sente rejuvenescido, não se sente revitalizado. Se você sonhar durante toda a noite e ficar se mexendo na cama, pela manhã estará mais cansado do que quando se deitou. Você não conseguiu se dissolver, não conseguiu se soltar.

Se você esteve no *sushupti*, num estado sem sonhos, isso significa que você penetrou novamente naquele "começo sem começo". Daí vem a energia, daí você volta descansado, revitalizado, novo, novamente repleto de ânimo, repleto de vida e entusiasmo. Buda diz que esse foi o começo, mas ele o chama de "começo sem começo". Foi como o *sushupti*, imensamente inconsciente; não havia consciência nele. Foi como o *samadhi*, a iluminação, com apenas uma diferença: no *samadhi* a pessoa está completamente desperta, e nesse *sushupti*, nesse sono profundo sem sonhos, não há consciência, nem mesmo uma única chama de consciência, como uma noite escura. Trata-se também de um estado de pura plenitude, mas o estado é inconsciente.

Pela manhã, quando acorda, você diz: "A noite passada foi muito gostosa, dormi profundamente. Foi um sono muito agradável e cheio de bem-aventurança". Mas isso você diz pela manhã; quando você estava realmente naquele sono, não estava consciente, mas absolutamente inconsciente. Quando acorda pela manhã, então você olha retrospectivamente e reconhece: "Sim, foi gostoso!"

Quando uma pessoa desperta em *samadhi*, reconhece que: "Todas as minhas vidas do passado, todas elas foram bem-aventuradas. Tenho es-

tado num mundo icrivelmente encantado e mágico. Nunca fui infeliz". *Então* a pessoa reconhece, mas no momento você não pode reconhecer, pois está inconsciente. O estado primordial está repleto de bem-aventurança, mas não há ninguém para reconhecê-la. As árvores ainda existem naquele estado primordial, as montanhas, os oceanos, as nuvens, os desertos, todos eles ainda existem naquela consciência primordial. É um estado de inconsciência.

Buda chama isso de nada, de puro nada, porque não havia distinção, não havia demarcação. Era nebuloso: nenhuma forma, nenhum nome, como uma noite escura.

Então veio a explosão. Agora os cientistas também falam sobre essa explosão; eles a chamam de "Big Bang". Então tudo explodiu, o nada desapareceu e as coisas apareceram. Essa ainda é uma hipótese, mesmo para os cientistas, porque ninguém pode retroceder no tempo. Para os cientistas é uma hipótese, a hipótese mais provável.

Há muitas teorias propostas e propagadas, mas a teoria do Big Bang é a mais aceita, que a partir daquele nada, coisas explodiram, como uma semente explode e se torna uma árvore. E na árvore há milhões de sementes; então, elas explodem. Uma única semente pode preencher a terra inteira com verdor. Explosão significa isso.

Você observou o fato? É um grande mistério! Uma pequena semente, quase invisível, pode explodir e preencher a terra inteira com flores-

os ensinamentos   111

tas. E não apenas a terra inteira, mas todas as terras possíveis na existência. Uma única semente! E se a semente for aberta, o que será encontrado dentro dela? Apenas nada, puro nada. A partir desse nada, o todo se desdobrou.

Para os cientistas essa é apenas uma hipótese, uma inferência, mas para um Buda essa não é uma hipótese, mas a sua experiência. Ele percebeu isso acontecer dentro de si mesmo.

Tentarei lhe explicar como a pessoa vem a conhecer esse "começo sem começo", porque você não pode voltar, mas há uma maneira de seguir em frente. E como tudo se move em círculo, o tempo também se move em círculo.

No Ocidente, o conceito do tempo é linear, o tempo se move numa linha horizontal, seguindo em frente indefinidamente. Mas no Oriente, acreditamos num tempo circular. E o conceito oriental do tempo é mais próximo da realidade, porque todo movimento é circular. A terra se move em círculo, a lua se move em círculo, as estrelas se movem em círculo, o ano se move em círculo, a *vida* se move em círculo: nascimento, infância, juventude, velhice... de novo nascimento! O que é chamado de morte é de novo nascimento, de novo infância, de novo juventude... e a roda segue em frente girando. O ano dá voltas, vem o verão e as chuvas, o inverno, de novo o verão. Tudo está se movendo em círculo. Então por que deveria haver uma exceção para o tempo? O tempo também se move em círculo. Nós não podemos voltar, mas se você for para a frente, se seguir adiante, um dia perceberá que o tempo se move em círculo e você alcançará o "começo sem começo", ou pode chamá-lo agora de "fim sem fim".

Buda o conheceu, o experimentou.

O que os cientistas chamam de Big Bang eu chamo de orgasmo cósmico. E isso parece fazer mais sentido. "Big Bang" parece feio, muito tecnológico e desumano. Orgasmo cósmico... o cosmos explodiu num orgasmo. Milhões de formas nasceram a partir dele, e essa foi uma experiência imensamente bem-aventurada. Então, deixe-nos chamá-la de orgasmo cósmico.

Nesse orgasmo, três coisas se desenvolvem. A primeira, o universo, o que no Oriente chamamos de *sat*. Do universo se desenvolveu a vida, o que chamamos de *ananda*. E da vida se desenvolveu a mente, o que chamamos de *chit*. *Sat* significa ser; *ananda* significa celebrando o ser, e quando uma árvore vem a florescer, ela está celebrando o seu ser; *chit* significa consciência, quando você ficou consciente de seu estado de plenitude, de sua celebração. Esses três estados são chamados de *satchitananda*.

O ser humano chegou até a mente. As rochas ainda estão no primeiro estágio, o universo; elas existem, mas não florescem, não celebram; estão fechadas, voltadas para si mesmas. Algum dia elas começarão a se mover, abrirão suas pétalas, mas no momento estão afundadas em si mesmas, completamente fechadas.

Árvores, animais, esses chegaram ao estágio seguinte, a vida, tão feliz, tão bela, tão colorida. Os pássaros ficam cantando, as árvores ficam florescendo... Este é o segundo estágio, a vida. Apenas o ser humano alcançou o terceiro estágio: o estado da mente, o estado de *chit*, consciência.

Buda diz que esses três estágios são como um sonho. O primeiro, o "começo sem começo", o estado primordial, é como o sono, *sushupti*. Es-

ses três são como um drama que continua se desdobrando. Se você for além da mente, se começar a caminhar em direção à meditação, isto é, em direção à não mente, de novo outra explosão acontece; porém, agora ela não é mais uma explosão, mas uma implosão. Assim como um dia a explosão aconteceu e milhões de coisas nasceram a partir do nada, da mesma maneira, quando a implosão acontece, formas e nomes desaparecem, e novamente o nada nasce daí. O círculo está completo.

Os cientistas falam apenas da explosão e ainda não falam da implosão, o que é muito ilógico, porque, se a explosão é possível, a implosão também é possível.

Uma semente é lançada na terra, ela explode, nasce uma árvore, então da árvore novamente nascem sementes. O que a semente é agora? Quando a semente explode, ela é uma árvore; e quando a árvore implode, novamente ela é uma semente. A semente estava carregando uma árvore; ela se abriu e se tornou uma árvore. Agora a árvore de novo se fecha em si mesma, se enfurna e se torna uma pequena semente.

Se a explosão aconteceu no mundo, como os cientistas agora acreditam, então a ideia budista da implosão também é uma realidade. A explosão não pode existir sem a implosão; elas caminham juntas. A implosão significa que, de novo, a mente penetra na vida, que a vida penetra no universo, que o universo penetra no nada, e então o círculo se completa. O nada penetra no universo, o universo penetra na vida, a vida penetra na mente, a mente penetra novamente na vida, a vida penetra novamente no universo, o universo penetra novamente no nada... o círculo está completo.

Após a implosão, quando ela aconteceu, quando tudo novamente chegou ao nada, agora há uma diferença... O primeiro nada foi inconsciente, este segundo nada é consciente; o primeiro foi como a escuridão, o segundo é como a luz; o primeiro foi como a noite, o segundo é como o dia; o primeiro chamamos de *sushupti*, o segundo de *jagriti*, percepção, despertar completo. Esse é o círculo todo.

Os cientistas chamam o primeiro de teoria do Big Bang, porque houve muita explosão e muito

os ensinamentos 113

> *Religião significa tornar-se consciente do que você é.*

barulho. *Foi* um "big bang". Tudo estava silencioso um momento antes, não havia barulho, nenhum som e, depois de um instante, quando a existência explodiu, houve muito som e muito barulho. Começaram todos os tipos de barulho.

O que acontece quando a explosão desaparece numa implosão? O som sem som... Agora não existe mais nenhum barulho, novamente tudo é silencioso. É isso que o zen chama de o som de uma só mão batendo palmas, que os hindus chamaram de *anahatnada*, *omkar*, o som sem som.

Os hindus chamaram o primeiro de *nadavisphot* – "big bang", o som explodindo. E a segunda é quando o som novamente penetra no silêncio; a história está completa. A ciência ainda está se apegando à metade da história, a outra metade está faltando. E quem observa toda essa peça – de *sushupti*, a noite escura da alma, ao sonho, e do sonho à consciência –, quem observa tudo isso é a testemunha. Chamamos o quarto estado de *turiya*, aquele que testemunha tudo. Conhecido esse estado, você se torna um buda; conhecido, vivido esse estado, você chegou.

Mas o ponto a ser entendido é: durante todo o tempo, quando você está dormindo, sonhando ou acordado, você é *isso*. Às vezes inconsciente, às vezes consciente, e essa é a única diferença, mas sua natureza permanece a mesma.

T.S. Eliot escreveu belos versos:

*Não cessaremos nunca de explorar
E o fim de toda nossa exploração
Será chegar ao ponto de partida
E o lugar reconhecer ainda.*

Esse é o significado da renúncia de Buda, seu caminho da *via negativa*. Você precisa chegar ao ponto onde começou, precisa conhecer aquilo que você já é, precisa alcançar aquilo que já está alcançado, precisa alcançar aquilo que, pela natureza das coisas, não pode ser perdido; não há como perder contato com ele. No máximo, podemos ficar inconscientes dele.

Religião significa tornar-se consciente do que você é. Ela não é uma busca por algo novo, mas apenas um esforço para conhecer o que sempre esteve presente, o que é eterno. Do "começo sem começo" ao "fim sem fim", ele está sempre presente.

Pelo fato de o caminho ser negativo, há algumas dificuldades nele. É muito difícil se sentir atraído pelo budismo, porque normalmente a mente deseja algo positivo para se apegar, deseja algo para alcançar, e Buda diz que não há nada para alcançar; pelo contrário, você precisa perder algo.

A própria ideia de perder algo é muito pouco atrativa, porque todo o nosso conceito é o de ter cada vez mais. Buda diz que *ter* é o problema. Quanto mais você tem, menos você é, pois quanto mais você tem, menos pode reconhecer a si mesmo; você fica perdido.

Seu vazio, seu espaço, é demasiadamente coberto por coisas. Uma pessoa rica é muito pobre,

pobre porque não tem espaço de sobra, pobre porque tudo está ocupado, pobre porque não conhece nenhum vazio em seu ser. E por meio do vazio, você tem os vislumbres do primordial e do supremo, e ambos são a mesma coisa.

É muito difícil se sentir atraído pelo budismo. Apenas pessoas muito raras e muito inteligentes podem ser atraídas por ele. Ele não pode se tornar uma religião das massas; e quando ele se tornou uma religião das massas, tornou-se somente quando perdeu toda a sua originalidade, quando se comprometeu com as massas.

O budismo desapareceu da Índia porque os seguidores de Buda insistiram em sua pureza. Há pessoas que acham que isso se deu porque os filósofos e os místicos hindus refutaram o budismo, e que por isso ele desapareceu da Índia; isso está errado. Ele não pode ser refutado, ninguém jamais o refutou, não há nenhuma possibilidade de refutá-lo, porque, em primeiro lugar, ele não está baseado na lógica.

Se algo estiver baseado na lógica, poderá ser destruído pela lógica; se algo estiver baseado numa prova lógica, poderá ser refutado. O budismo não está baseado na lógica, mas na experiência, e não há como refutá-la. Ele é muito existencial e não acredita em nenhuma metafísica; como você pode refutá-lo? Ele nunca afirma algo sobre nenhum conceito, mas simplesmente descreve a experiência mais profunda. Ele não tem filosofias, então os filósofos não podem refutá-lo.

Mas é verdade: o budismo desapareceu da Índia. A causa do seu desaparecimento, a causa básica, é que Buda e seus seguidores insistiram em sua pureza. A própria insistência para manter sua pureza se tornou uma distância intrans-

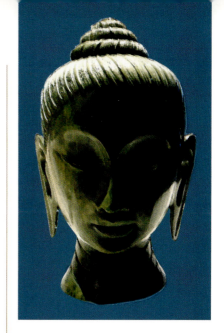

ponível. As massas não puderam entendê-lo, e apenas pessoas muito raras, muito, muito cultas e inteligentes, alguns aristocratas e alguns escolhidos puderam entender o que Buda quis dizer. E os que o entenderam, nesse próprio entendimento foram transformados. Mas para as massas ele não fazia sentido e perdeu sua ligação com elas.

Na China, no Tibete, em Sri Lanka, na Birmânia, na Tailândia e no Japão ele foi bem-sucedido porque os missionários budistas que saíram da Índia, ao perceber o que aconteceu ali, abriram mão de muitas coisas; eles fizeram concessões e começaram a falar na linguagem positiva, começaram a falar sobre aquisições, bem-aventurança, paraíso, e pela porta dos fundos trouxeram tudo o que Buda tinha negado. De novo as massas ficaram felizes, e toda a China e toda a Ásia se converteram ao budismo, exceto a Índia. Na

Índia eles tentaram dar apenas a mensagem pura, sem nenhum ajuste, mas isso não foi possível. Na China, o budismo se tornou uma religião das massas, mas então perdeu a sua verdade.

Deixe-me contar uma pequena história:

Um jovem demônio é enviado à terra para supervisioná-la e verificar como as coisas estão indo. Horrorizado, rapidamente ele volta ao inferno e obtém uma entrevista com Belzebu, o chefe dos demônios.

"Senhor", diz ele apreensivo, "aconteceu algo terrível! Há um homem de barba caminhando pela terra e falando a verdade, e as pessoas estão começando a escutá-lo. Algo precisa ser feito imediatamente!"

Belzebu sorri com prazer, baforando seu cachimbo, mas sem fazer nenhum comentário.

"Senhor! Você não percebe a seriedade da situação", continua o atormentado jovem demônio. "Logo tudo estará perdido!"

Belzebu lentamente tira o cachimbo da boca, coloca-o num cinzeiro, acomoda-se em sua cadeira giratória e cruza as mãos atrás da cabeça.

"Não se preocupe, filho", aconselha ele. "Deixaremos as coisas prosseguirem mais um pouco e, quando elas tiverem chegado a um determinado ponto, entraremos em cena e ajudaremos as pessoas a organizar uma religião."

Quando uma religião está organizada, ela está morta, porque uma religião só pode ser organizada quando concessões forem feitas às massas; uma religião só pode ser organizada quando os desejos das massas comuns forem atendidos; uma religião só pode ser organizada quando as pessoas estiverem dispostas a torná-la uma política e estiverem dispostas a perder sua religiosidade.

Uma religião só pode ser organizada quando não for mais uma religião de verdade. Isso é o mesmo que dizer: uma religião não pode ser organizada *como religião*. Organizada, ela deixa de ser religião. Uma religião de verdade permanece basicamente desorganizada, permanece um pouco caótica, permanece um pouco desordenada, porque religião verdadeira é liberdade.

a religião sem religião

O CAMINHO DE BUDA não é uma religião no sentido comum da palavra, pois ele não tem um sistema de crenças, nenhum dogma, nenhuma escritura. Ele não acredita em Deus, não acredita na alma, não acredita no paraíso. Ele é uma imensa descrença e, mesmo assim, é uma religião. Ele é único; nada como ele jamais aconteceu na história da consciência humana, nem depois.

Buda continua sendo completamente único, incomparável. Ele diz que Deus nada mais é do que uma busca por segurança, por proteção e abrigo. Você acredita em Deus não porque Deus exista, mas porque se sente impotente sem essa crença. Mesmo se Deus não existir, você insistirá em inventar um. A tentação vem de sua fraqueza; trata-se de uma projeção.

O ser humano se sente muito limitado, muito impotente, praticamente uma vítima das circunstâncias, sem saber de onde veio, sem saber aonde está indo e sem saber por que está aqui. Se não houver Deus, é muito difícil para uma pessoa comum perceber algum sentido na vida. A mente comum ficará frenética sem Deus, pois ele é um sustentáculo; ele o ajuda, o consola, o conforta: "Não se preocupe, Deus Todo-Poderoso sabe tudo sobre o motivo de você estar aqui. Ele é o Criador, ele sabe por que criou o mundo. Você pode não saber, mas o Pai sabe, e você pode confiar Nele". Esse é um grande consolo.

A própria ideia de Deus lhe dá um alívio; você não está sozinho, alguém está cuidando das coisas, este cosmos não é um caos, mas real-

os ensinamentos 119

mente um cosmos, há um sistema por trás dele, uma lógica por trás dele; ele não é uma miscelânea ilógica de coisas, não é uma anarquia. Alguém o governa, o Rei soberano está tomando conta de todos os pequenos detalhes; nem mesmo uma folha cai sem que Ele saiba. Tudo é planejado, você é parte de um grande destino. Talvez o sentido não seja conhecido por você, mas ele existe porque Deus existe.

Deus dá um imenso alívio. A pessoa começa a sentir que a vida não é acidental, que existe uma certa subcorrente de significado, de sentido, de destino. Deus dá um senso de destino.

Buda diz que Deus não existe, e isso simplesmente mostra que o ser humano não sabe por que está aqui, simplesmente mostra que o ser humano é impotente, que o ser humano não tem nenhum significado que ele possa encontrar. Ao criar a ideia de Deus, ele pode acreditar no significado e pode viver esta vida fútil com a ideia de que alguém está tomando conta dela.

Pense, você está num avião e alguém vem e diz: "Não há nenhum piloto aqui". Subitamente haverá pânico. Nenhum piloto?! Nenhum piloto significa que você está condenado. Então alguém diz: Há um piloto, mas é invisível. Podemos não ser capazes de vê-lo, mas ele está ali; senão, como esse belo mecanismo estaria funcionando? Pense nisto: tudo está indo tão harmoniosamente, deve haver um piloto! Talvez não sejamos capazes de vê-lo, talvez ainda não sejamos suficientemente crédulos para vê-lo, talvez nossos olhos estejam fechados, mas o piloto existe. Do contrário, como seria possível? Este avião levantou voo, está voando perfeitamente bem, os motores estão funcionando; tudo é uma prova de que existe um piloto".

Se alguém prova isso, você novamente relaxa em sua poltrona, fecha os olhos e começa a sonhar de novo; você pode adormecer. O piloto existe e você não precisa se preocupar.

Buda diz que o piloto não existe, que ele é uma criação humana. O ser humano criou Deus em sua própria imagem, ele é uma invenção humana; Deus não é uma descoberta, mas uma invenção. E Deus não é a verdade, mas a maior mentira que existe.

É por isso que digo que o budismo não é uma religião no sentido comum da palavra. Uma religião sem Deus... Você pode imaginar? Quando pela primeira vez os eruditos ocidentais ficaram cientes do budismo, eles ficaram chocados e não puderam compreender como uma religião poderia existir sem Deus. Eles conheciam apenas o judaísmo, o cristianismo e o islamismo, e todas essas três religiões são de certa maneira muito imaturas, comparadas com o budismo.

O budismo é a religião amadurecida, é a religião da mente madura. Ele absolutamente não é infantil e não dá suporte a nenhum desejo infantil em você. Ele é muito implacável. Deixe-me repetir: nunca houve uma pessoa mais compassiva do que Buda, mas sua religião é implacável.

Na verdade, ao ser implacável ele está mostrando sua compaixão. Ele não permitirá que você se apegue a nenhuma mentira, pois não importa o quanto ela seja reconfortante, uma mentira é uma mentira. E os que lhe deram a mentira não são seus amigos, mas seus inimigos, porque sob a influência da mentira você viverá uma vida cheia de mentiras. A verdade precisa ser trazida a você, não importa o quanto seja dura, esmagadora, chocante. Mesmo que você seja aniquilado sob o impacto da verdade, ela é boa.

Buda diz que, na realidade, as religiões humanas são invenções humanas. Você está numa noite escura, cercado por forças alienígenas e precisa de alguém em quem se segurar, a quem se apegar. E tudo o que você pode ver está mudando: um dia seu pai e sua mãe morrerão e você ficará sozinho e será órfão. Desde a infância você está acostumado a ter um pai que o protege, a ter uma mãe que o ama. Agora esse desejo infantil novamente se fará valer: você precisará de uma figura paterna. Se você não puder encontrá-la no céu, então a encontrará em algum político.

Stalin se tornou o pai da União Soviética; eles abandonaram a ideia de Deus. Mao se tornou o pai da China; eles abandonaram a ideia de Deus. Mas o ser humano é tal que não pode viver sem uma figura paterna. O ser humano é infantil! Há muito poucas pessoas que chegam à maturidade.

Minha própria observação é: as pessoas permanecem aproximadamente na idade de sete, oito ou nove anos. O corpo físico se desenvolve, mas a mente permanece estagnada em alguma faixa abaixo dos dez anos de idade. O cristianismo, o judaísmo, o islamismo e o hinduísmo são religiões abaixo dos dez anos de idade. Elas satisfazem a todas as suas necessidades e não estão muito preocupadas com a verdade; elas estão mais preocupadas com você, em como consolá-lo.

A situação é: a mãe morreu, a criança está chorando e se lamentando, e você precisa consolar a criança. Assim, você conta mentiras e finge que a mãe não morreu: "Ela foi fazer uma visita aos vizinhos, mas voltará. Não se preocupe, ela voltará logo". Ou: "Ela foi fazer uma longa viagem e levará alguns dias, mas ela voltará". Ou: "Ela foi visitar Deus e não há com o que se preocupar. Ela ainda está viva; talvez ela tenha deixado o corpo, mas a alma vive para sempre".

Buda é o indivíduo mais perturbador de toda a história da humanidade. Todo o seu empenho é o de acabar com todos os esteios; ele não diz que você deva acreditar em alguma coisa. Ele é um descrente, e sua religião é a da descrença. Ele não diz "acredite", mas sim "duvide".

Ora, você ouviu falar de religiões que dizem: "Acredite!", mas nunca ouviu falar de uma religião que diz: "Duvide!" A dúvida é a própria metodologia; duvide até a essência, duvide até o final, duvide até o extremo. E quando você duvida de tudo e abandona tudo por meio da dúvida, então a realidade surge à sua frente. Ela nada tem a ver com suas crenças sobre Deus, não é nada como o seu pretenso Deus. Então surge a realidade, absolutamente não familiar e desconhecida.

Mas essa possibilidade existe somente quando todas as crenças são abandonadas e a mente chega a um estado de maturidade, de entendimento, de aceitação de que "Seja qual for a situação, esta é a situação, e não desejamos que seja diferente. Se Deus não existe, ele não exis-

> *Não se esconda atrás de crenças, máscaras e teologias. Tome a sua vida em suas próprias mãos.*

te, e não temos nenhum desejo de projetar um Deus. Se Deus não existe, aceitamos isso". Maturidade é isto: aceitar o fato e não criar uma ficção à sua volta; aceitar a realidade como ela é, sem tentar adoçá-la, sem tentar decorá-la, sem tentar torná-la mais aceitável para o seu coração. Se ela for esmagadora, ela é esmagadora; se ela for chocante, ela é chocante; se a verdade mata, então a pessoa está disposta a ser morta.

Buda é implacável. Ninguém jamais abriu a porta da realidade tão profundamente, com tanta pungência como ele fez. Buda não permite que você tenha nenhum desejo infantil. Ele diz: "Seja mais consciente, seja mais atento, seja mais corajoso".

Não se esconda atrás de crenças, máscaras e teologias. Tome a sua vida em suas próprias mãos, queime intensamente sua luz interior e perceba o que realmente é. Uma vez que se tornar corajoso o bastante para aceitar a realidade, ela se tornará uma bênção. Nenhuma crença é necessária. Este é o primeiro passo de Buda em direção à realidade: dizer que todos os sistemas de crença são venenosos, que todos os sistemas de crença são barreiras.

Ele não é teísta, e lembre-se de que ele também não é ateu, porque diz que algumas pessoas acreditam e outras não acreditam em Deus, mas ambas são crentes. Sua não crença é tão profunda que não são aceitos por ele os que dizem que Deus não existe e que acreditam nisso. Ele diz que apenas dizer que Deus não existe não faz nenhuma diferença. Se você continuar infantil, criará uma outra fonte de Deus.

Por exemplo, Karl Marx declarou que Deus não existe, mas então ele criou um Deus a partir

da História. A História se tornou o Deus, a mesma função anteriormente feita pelo conceito de Deus está sendo feita agora pela História. O que Deus estava fazendo? Deus era o fator determinante, o fator que manipulava as coisas. Era Deus que decidia o que deveria acontecer e o que não deveria acontecer. Marx descartou a ideia de Deus, mas então a História se tornou o fator determinante, se tornou a sina, se tornou a sorte; então a História está determinando tudo. Ora, o que é a História? Marx diz que o comunismo é um estado inevitável, a História determinou que ele viria, e tudo é determinado por ela. Agora a História se tornou um super-Deus.

Mas é necessário alguém ou alguma coisa para determinar a realidade. O ser humano não pode viver com a realidade indeterminada, não pode viver com a realidade como ela é, caótica, acidental; ele não pode viver com a realidade sem encontrar alguma ideia que a torne significativa, relevante, contínua, que lhe dê uma forma que a razão possa entender, que possa ser dissecada, analisada como causa e efeito.

Freud abandonou a ideia de Deus, mas então o inconsciente se tornou o Deus: tudo é determinado pelo inconsciente do ser humano, e este está impotente nas mãos do inconsciente. Ora, esses são novos nomes para Deus, trata-se de uma nova mitologia. A psicologia freudiana é uma nova mitologia sobre Deus. O nome mudou, mas o conteúdo permanece o mesmo; o rótulo mudou, o rótulo antigo foi abandonado e um rótulo novo e recentemente pintado foi colocado sobre ele, e pode enganar as pessoas não muito alertas. Mas se você for fundo na análise freudiana, imediatamente perceberá que agora o inconsciente está fazendo o mesmo papel que Deus costumava fazer.

Então o que há de errado com o pobre Deus? Se você tiver de inventar algo, e o ser humano sempre precisa ser determinado por algo, como pela economia, pela História, pelo inconsciente, por isso e aquilo... Se o ser humano não pode ser livre, então qual é o sentido de mudar mitologias e teologias? Não faz muita diferença... Você pode ser hindu, muçulmano, cristão, judeu, mas não faz muita diferença. Sua mente continua infantil, você permanece imaturo, permanece procurando, continua a procurar uma figura paterna, alguém, em algum lugar, que possa explicar tudo, que possa se tornar a explicação suprema. A mente madura é aquela que consegue permanecer sem nenhuma busca, mesmo que não haja explicações conclusivas para as coisas.

É por isso o que Buda diz: "Não sou um metafísico". Ele não tem metafísica, não tem explicação definitiva, e metafísica significa explicação definitiva. Ele não diz: "Resolvi o mistério e lhe entrego a verdade". Ele diz: "A única coisa que posso lhe dar é um ímpeto, uma sede, uma imensa paixão para ficar consciente, para ficar atento, para ficar alerta, para viver sua vida tão conscientemente, tão repleto de luz e de consciência que *sua vida* fica resolvida".

Não que você chegue a alguma explicação definitiva da existência; ninguém jamais a teve. Buda nega completamente a metafísica e diz que ela é uma busca inútil.

Assim, o primeiro ponto é que ele nega Deus.

O segundo ponto é que ele nega o paraíso. Ele diz que o paraíso nada mais é do que desejos sexuais insatisfeitos, instintos insatisfeitos sendo pro-

jetados para a outra vida, para a vida no além, a vida após a morte. E ele parece estar absolutamente certo. Se você observar a descrição do paraíso e do céu no islamismo, no cristianismo e no judaísmo, entenderá perfeitamente o que ele está dizendo. Você projeta na vida futura tudo o que não é satisfeito aqui. Mas o desejo parece o mesmo!

Os hindus dizem que existem árvores chamadas *kalpvrakshas*; você se senta sob elas e tudo o que você deseja é satisfeito sem nenhum intervalo de tempo. Você deseja uma bela mulher e lá está ela, imediatamente, instantaneamente. Apenas recentemente inventaram no Ocidente o café instantâneo e coisas assim, mas a Índia descobriu uma árvore realizadora dos desejos, e ao longo dos séculos se acredita nela. Essa é *realmente* uma satisfação instantânea, realmente instantânea, sem nenhum intervalo de tempo. Surge a ideia e ela é satisfeita sem nem mesmo o intervalo de um segundo entre o desejo e sua satisfação. A ideia é a sua satisfação! Você deseja uma bela mulher e ali está ela; deseja uma comida deliciosa e ali está ela; deseja uma cama confortável para descansar e ali está ela.

Ora, esta é uma simples análise psicológica: o ser humano não está satisfeito na vida e, por toda a vida, fica tentando satisfazer seus desejos, e mesmo assim descobre que eles não podem ser satisfeitos. Então ele precisa projetar seus desejos no futuro, e não que no futuro eles possam ser satisfeitos, pois, como tal, o desejo não pode ser satisfeito.

Buda disse que a própria natureza dos desejos é a de permanecerem insatisfeitos. Faça o que você fizer, não importa o que faça, e os desejos permanecerão insatisfeitos, pois essa é a natureza intrínseca do desejo. *O desejo como tal* permanece insatisfeito. Então você pode se sentar sob uma árvore realizadora de desejos, mas isso não fará nenhuma diferença. Você pode sentir muitas vezes que seu desejo está sendo satisfeito, e de novo ele surge. Ele surgirá repetidamente, *ad infinitum*.

O paraíso cristão, muçulmano, judeu, hindu, todos eles nada mais são do que desejos insatisfeitos projetados, desejos reprimidos, desejos frustrados. É claro, eles consolam muito o ser humano: "Se você não foi capaz de satisfazê-los aqui, então satisfará lá. Mais cedo ou mais tarde você chegará a Deus, e a única coisa que você precisa fazer é continuar a rezar para ele, continuar a se curvar diante de alguma imagem, de alguma ideia ou de algum ideal e mantê-lo feliz. Mantenha Deus feliz, e então colherá uma grande safra de prazeres e gratificações. Essa será a dádiva de Deus a você pelas suas preces, pela sua apreciação, pela sua contínua entrega, por repetidamente tocar os pés dele, pela sua obediência; essa será a recompensa".

É claro, a recompensa será após a morte, porque até mesmo sacerdotes ladinos não podem enganar você nesta vida; mesmo eles não podem enganá-lo. Eles sabem que o desejo permanece insatisfeito, então precisam inventar a vida após a morte. Ninguém conheceu a vida após a morte, mas as pessoas podem ser enganadas muito facilmente. Se alguém vier e lhe disser: "Deus pode satisfazer os seus desejos aqui e agora", será difícil prová-lo, porque o desejo de ninguém jamais foi satisfeito aqui e agora, e então o seu Deus estará em perigo. Eles inventaram uma estratégia muito ladina; eles dizem: "Depois desta vida..."

Seu Deus não é poderoso o bastante para satisfazer os seus desejos aqui? Seu Deus não é poderoso o bastante para criar árvores realizadoras de desejos aqui na terra? Seu Deus não é poderoso o bastante para fazer algo enquanto as pessoas estão vivas? Se ele não pode satisfazer nada aqui, qual é a prova de que satisfará qualquer coisa depois?

Buda diz para investigar a natureza do desejo, para observar o movimento do desejo; ele é muito sutil. E você será capaz de perceber duas coisas: uma, que pela própria natureza do desejo ele não pode ser satisfeito; e a segunda, no momento em que você entende que o desejo não pode ser satisfeito, ele desaparece e você é deixado sem desejo. *Este* é o estado de paz, de silêncio, de serenidade, de satisfação! O ser humano nunca chega à satisfação por meio do desejo, mas apenas pela transcendência do desejo.

O desejo é uma oportunidade para entender, é uma grande oportunidade para entender o funcionamento de sua própria mente, como ela funciona, qual é o seu mecanismo. E quando você entende isso, nesse próprio entendimento há a transformação. O desejo desaparece, não deixa nenhum traço atrás de si. E quando você não tem desejo, quando não está desejando coisa nenhuma, você está satisfeito. Não que o desejo seja satisfeito, mas quando ele é transcendido, existe a satisfação.

Perceba a diferença. As outras religiões dizem: "Os desejos podem ser satisfeitos no outro mundo". As pessoas mundanas dizem: "Os desejos podem ser satisfeitos aqui". Os comunistas dizem: "Os desejos podem ser satisfeitos aqui, sendo necessária apenas uma estrutura social diferente; apenas o capitalismo e a burguesia precisam ser destruídos e o proletariado precisa tomar o poder, e isso é tudo, os desejos poderão ser satisfeitos aqui, o paraíso pode ser criado aqui nesta terra".

As pessoas mundanas dizem: "Você pode satisfazer os seus desejos, basta lutar com tenacidade". É isso o que todo o Ocidente está fazendo: "Lute, seja competitivo, ludibrie por qualquer meio e método, acumule mais riquezas, mais poder!" É isto o que os políticos de todo

os ensinamentos 125

> *O desejo não pode ser satisfeito porque sua própria natureza é permanecer insatisfeito e projetado no futuro.*

o mundo ficam fazendo: "Fique mais poderoso e seus desejos poderão ser satisfeitos". É isto o que os cientistas dizem, que apenas um pouco mais de tecnologia precisa ser inventada, e o paraíso estará logo ali. E o que suas religiões dizem? Elas não dizem nada diferente: "Os desejos podem ser satisfeitos, não nesta vida, mas após a morte". Essa é a única diferença entre os chamados materialistas e os chamados religiosos.

Para Buda, ambos são materialistas, e também para mim ambos são materialistas. Seus chamados religiosos e seus chamados irreligiosos estão ambos no mesmo barco, sem nenhuma diferença! Suas atitudes são as mesmas, suas abordagens são as mesmas.

Buda é realmente religioso nesse sentido; ele diz que *o desejo não pode ser satisfeito* e que você precisa investigá-lo. Nem aqui nem em nenhum outro lugar o desejo jamais foi satisfeito, nunca. Isso nunca aconteceu e nunca acontecerá, pois é contra a natureza do desejo. O que é o desejo? Você já investigou sua mente desejosa? Você se deparou com ela? Você tentou alguma meditação sobre ela? O que é o desejo?

Você deseja uma certa casa, trabalha para possuí-la, trabalha duro, destruindo toda a sua vida para obtê-la, e então a casa está aí. Mas a satisfa-

ção está presente? Uma vez que a casa esteja aí, de repente você se sente muito vazio, mais vazio do que antes, porque antes havia uma ocupação para ter essa casa. Agora ela está aí, e imediatamente sua mente começa a procurar uma outra coisa para se ocupar. Existem casas maiores, e sua mente começa a pensar nessas casas maiores; existem palácios maiores... Você desejou uma mulher e conseguiu realizar seu desejo, então de repente suas mãos estão novamente vazias e novamente você começa a desejar outra mulher. Essa é a natureza do desejo; ele sempre caminha à sua frente, está sempre no futuro.

O desejo é uma esperança. Ele não pode ser satisfeito porque sua própria natureza é permanecer insatisfeito e projetado no futuro; ele está sempre no horizonte. Você pode correr, pode se dirigir ao horizonte, mas nunca chegará a ele; aonde quer que você chegue, descobrirá que o horizonte recuou e que a distância entre você e ele permanece absolutamente a mesma. Você tem dez mil reais e o desejo de ter vinte mil reais; você tem vinte mil reais e o desejo de ter quarenta mil reais... A distância é a mesma, a proporção matemática é a mesma.

Seja lá o que você tiver, o desejo sempre estará além disso.

Buda diz para *abandonar a esperança, para abandonar o desejo*. Ao abandonar a esperança, ao abandonar o desejo, você estará aqui e agora. Sem desejo, você estará satisfeito; é o desejo que o está enganando.

Dessa maneira, quando Buda disse que os pretensos religiosos são todos materialistas, é claro que os hindus ficaram com muita raiva; eles nunca ficaram com tanta raiva de alguém. Eles tentaram desenraizar a religião de Buda da Índia, e foram bem-sucedidos. O budismo nasceu na Índia, mas não existe agora lá porque a religião dos hindus é uma das mais materialistas do mundo. Verifique os Vedas: todas as preces e todas as adorações nada mais são do que pedir aos deuses ou a Deus que lhe deem mais; todos os sacrifícios são para obter mais, todas as adorações são orientadas pelo desejo: "Dê-nos mais, em abundância! Melhores colheitas, mais chuvas, mais dinheiro, mais saúde, mais vida, mais longevidade; dê-nos mais!" Os Vedas nada mais são do que desejos escritos em larga escala, e às vezes de uma maneira muito feia. Nos Vedas, os pretensos sábios não ficam apenas rezando: "Dê-nos mais!", mas também rezam: "Não dê aos nossos inimigos! Dê mais leite à minha vaca, mas faça com que a vaca do inimigo morra ou que seu leite seque".

Que tipo de religião é essa? É até absurdo chamá-la de religião. Se isso for religião, então o que é o materialismo? O próprio Buda foi a muitos mestres enquanto estava buscando, mas de todos os lugares ele voltava com as mãos vazias, porque não encontrou alguém que tivesse realmente entendido a natureza do desejo. Eles próprios estavam desejando; é claro, seus desejos estavam projetados no futuro distante, na outra vida, mas ainda assim o objeto do desejo era o mesmo, a mente desejosa era a mesma. É apenas uma questão de tempo.

Algumas pessoas desejam antes da morte, outras desejam após a morte, mas qual é a diferença? Não há diferença, elas desejam as mesmas coisas; elas desejam! O desejo é o mesmo.

Buda foi a muitos mestres e ficou frustrado, pois não viu a religião florescendo e desabro-

chando em nenhum lugar; todos eles eram materialistas. Eles eram grandes ascetas: um jejuava por meses, outro permanecia em pé por meses, outro não dormia há anos e era apenas um esqueleto... Se se levar em consideração seus corpos, não se pode chamá-los de mundanos e materialistas, mas observe a mente deles, pergunte-lhes: "Por que você está jejuando? Por que você está se empenhando tanto? Para quê?", e aí aflora o desejo: para atingir o paraíso, para ter a gratificação eterna na vida após a morte.

Escute a lógica deles, e todos eles dirão: "As coisas aqui são fugazes, esta vida é temporária. Mesmo se você atingir, tudo será tirado quando você morrer, então qual é o sentido? Esta vida não vai durar para sempre. Estamos procurando algo que permanecerá para sempre, estamos atrás da imortalidade, da gratificação *absoluta*.

As pessoas que estão correndo atrás de desejos aqui nesta vida são tolas, porque a morte tirará tudo. Você acumula riquezas e vem a morte e tudo é deixado para trás. Estamos procurando algum tesouro que poderemos levar conosco e que nunca será perdido, que não pode ser roubado, que nenhum governo pode taxar; ninguém pode tirá-lo, nem mesmo a morte".

Você chama essas pessoas de religiosas? Elas parecem ser mais mundanas do que as chamadas pessoas mundanas, são mais materialistas do que os materialistas. É claro, seu materialismo é disfarçado, tem um aroma de espiritualidade, mas isso é uma enganação. É como se você tivesse jogado um agradável perfume sobre um monte de estrume. O monte de estrume continua sendo um monte de estrume, e o perfume pode apenas enganar os tolos.

Buda não foi enganado, ele podia perceber em profundidade e podia perceber que o desejo sempre existia. Se o desejo está presente, você é materialista e é mundano.

Assim, ele não está pregando nenhum paraíso para você, ele não acredita em nenhum paraíso. Não que ele não acredite no estado de plenitude. Não, ele acredita no estado de plenitude, mas essa não é uma crença. Quando todos os paraísos forem perdidos, quando todos os desejos forem abandonados, subitamente é sua natureza mais íntima estar no estado de plenitude. Para isso, nada é necessário, nenhuma virtude é necessária, nenhum ascetismo é necessário, nenhum sacrifício é necessário; apenas o entendimento é suficiente.

O caminho de Buda é o caminho do entendimento.

E o terceiro ponto: ele não acredita na alma. Nenhum Deus, nenhum paraíso, nenhuma alma. Ora, isso parece ser muito difícil.

Podemos aceitar que não exista nenhum Deus, pois talvez ele seja apenas uma projeção;

quem o viu? Podemos aceitar que não exista nenhum paraíso, pois talvez ele seja apenas nosso desejo insatisfeito, e sonhamos com ele. Mas nenhuma alma? Então o chão é tirado sob os nossos pés. Nenhuma alma? Então qual é o sentido disso tudo? Se não existe nenhuma alma no ser humano, se não existe nada imortal nele, então por que fazer tanto esforço? Por que meditar? Para quê?

Buda diz que essa ideia do eu é um mal-entendido. Você é, mas não é um eu. Você é, mas não está separado do universo. A separação é a ideia básica do conceito do eu: se estou separado de você, então eu tenho um eu; se você está separado de mim, então você tem um eu.

Mas Buda diz: *a existência é uma só*. Não há fronteiras, ninguém está separado de ninguém mais. Vivemos num oceano de consciência, somos uma só consciência, iludidos pelas fronteiras do corpo, iludidos pelas fronteiras da mente. E por causa do corpo e da mente e da identificação com o corpo e com a mente, achamos que estamos separados, achamos que somos "eus". É assim que criamos o ego.

É como… Você vê a Índia no mapa, mas na própria terra não existe a Índia; apenas nos mapas dos políticos. No mapa você vê o continente americano e o africano como coisas separadas, mas no fundo, sob o oceano, a terra é uma só. Todos os continentes estão unidos, eles são uma só terra.

Estamos separados apenas na superfície. Quanto mais fundo formos, mais a separação desaparece. Quando chegamos até a essência de nosso ser, subitamente ele é universal, e não existe o eu nele, nenhuma alma.

Buda não propaga a crença em Deus, no paraíso ou na alma. Então quais são seus ensinamentos? Seus ensinamentos mostram uma forma de vida, não de crença. Eles são extremamente científicos, empíricos e práticos. Buda não é filósofo nem metafísico; é um homem que tem os pés no chão.

Segundo ele, "você pode mudar a sua vida – não é preciso acreditar em nada. Na verdade, as crenças são barreiras que impedem a verdadeira mudança. Comece sem nenhuma crença, sem nenhuma metafísica, sem nenhum dogma. Comece absolutamente despido, sem teologias ou ideologias. Comece vazio! Esse é o único caminho para se chegar à verdade.

Eu estava lendo uma piada:

O caixeiro-viajante abriu a Bíblia que estava em seu quarto de hotel. Na primeira página estava escrito: "Se você está enfermo, leia o Salmo 18; se está perturbado com sua família, leia o Salmo 45; se está se sentindo sozinho, leia o Salmo 92".

Ele estava se sentindo sozinho, então abriu o Salmo 92 e o leu. Quando terminou, percebeu escrito à mão no pé da página: "Se você ainda está se sentindo sozinho, ligue para Mirtes no número 888-3468".

Se você olhar fundo em suas escrituras, sempre encontrará uma nota de rodapé mais verdadeira. Procure o rodapé em cada página da escritura! Às vezes ela pode não estar escrita em letras visíveis, mas se você procurar com afinco, sempre encontrará ali uma nota de rodapé mais real.

> *Buda é muito pé no chão.*
>
> *Ele nunca voa alto na metafísica.*

Buda diz que todas as suas escrituras nada mais são do que seus desejos, seus instintos, sua ganância, sua sensualidade, sua raiva. Todas as suas escrituras nada mais são do que criações de sua mente, então é inevitável que elas carreguem todas as sementes de sua mente. As escrituras são escritas por pessoas, e é por isso que todas as religiões tentam arduamente provar que pelo menos as *suas* escrituras não são escritas por pessoas.

Os cristãos dizem que a Bíblia não foi escrita por pessoas, que os Dez Mandamentos foram entregues a Moisés diretamente de Deus, diretamente do próprio patrão. O Novo Testamento é uma mensagem direta de seu próprio filho, o filho único de Deus, Jesus Cristo. Ele nada tem a ver com a humanidade, ele veio de cima.

Os hindus dizem que os Vedas não foram escritos por pessoas, mas por Deus. E a mesma história se repete: os muçulmanos dizem que o Alcorão desceu sobre Maomé, vindo do céu.

Por que essas religiões insistem que suas escrituras, e especialmente *suas próprias* escrituras, e as de mais ninguém, não foram escritas por pessoas? Os muçulmanos não estão dispostos a aceitar que os Vedas tenham sido escritos por Deus, nem os hindus estão dispostos a aceitar que o Alcorão tenha sido escrito por Deus; somente os Vedas deles foram escritos por Deus, e todo o resto foi produzido pelo ser humano. Por que essa insistência? Porque eles estão cientes de que tudo o que o ser humano cria tem a impressão da mente e dos desejos humanos.

Buda diz que todas as escrituras são criadas por pessoas, e ele está certo. Ele não é fanático, não pertence a nenhum país, a nenhuma raça, a nenhuma religião, a nenhuma seita. Ele é simplesmente uma luz em si mesmo, e tudo o que ele disse é a mais pura declaração da verdade jamais feita.

Um amigo me enviou esta bela piada:

Os seguidores de um dos líderes religiosos da Irlanda pediram que ele escolhesse o cemitério e o tipo de túmulo que gostaria de ter para depositar seus restos mortais, pois estava acontecendo uma guerra religiosa e a vida dele estava em perigo. Três possibilidades foram apresentadas a ele, e para a decepção do comitê, ele escolheu a mais barata. Então lhe perguntaram por que ele fizera aquela escolha, por que escolhera um túmulo comum, quando os outros dois eram simplesmente magníficos.

"Bem, meus queridos amigos", ele lhes disse, "aprecio a sua generosidade, mas vale a pena tanta despesa quando não espero ficar no meu túmulo por mais de três dias?"

Ora, esse tipo de certeza dogmática nunca será encontrado em Buda. Ele é muito hesitante. Há apenas um outro homem igualmente hesitante, Lao Tzu; essas duas pessoas são muito hesitantes.

Às vezes, devido à hesitação, eles podem não impressioná-lo, porque você está confuso e precisa de alguém que seja tão confiante a ponto de você poder confiar nele. Daí os fanáticos o impressionarem tanto. Eles podem não ter nada a dizer, mas batem tanto na mesa e fazem tamanho estardalhaço que o próprio estardalhaço lhe dá a impressão de que eles devem saber; do contrário, como poderiam estar tão seguros? As testemunhas de Jeová e pessoas assim... pessoas estúpidas, mas tão dogmáticas em suas afirmações que criam uma impressão de certeza, e pessoas confusas precisam de certeza.

Quando você procura um Buda, pode não ficar imediatamente impressionado, porque ele será muito hesitante e não afirmará nada. Ele sabe melhor do que isso... Ele sabe que a vida não pode ser confinada a qualquer declaração e que todas as declarações são parciais. Nenhuma afirmação pode conter toda a verdade, então como você pode estar seguro a respeito? Ele permanecerá sempre relativo.

Dois grandes mestres da Índia, Buda e Mahavira, entraram fundo na relatividade das coisas. Einstein a descobriu muito tarde; ele trouxe a relatividade ao mundo da ciência. Antes de Einstein, os cientistas eram muito seguros, dogmaticamente seguros, absolutamente seguros. Einstein trouxe a relatividade e a humildade à ciência, trouxe a verdade à ciência.

O mesmo foi feito por Buda e Mahavira na Índia: eles trouxeram a relatividade, o conceito de que a verdade não pode ser declarada totalmente, de que nunca podemos estar certos sobre ela, de que no máximo podemos insinuá-la. A insinuação precisa ser indireta, e não podemos

apontar a verdade diretamente; ela é tão grande, tão vasta, e é natural que nós, frágeis seres humanos, deveríamos hesitar. Essa hesitação mostra seu estado de alerta.

Você sempre encontrará pessoas estúpidas e ignorantes muito dogmáticas. Quanto mais ignorante for uma pessoa, mais dogmática. Este é um dos maiores infortúnios do mundo: os tolos estão absolutamente certos, e os sábios são hesitantes. Buda é muito hesitante. Então, se você realmente quiser entendê-lo, precisará estar muito alerta em seu escutar, muito aberto. Ele não está lhe entregando a verdade por atacado, mas simplesmente a insinuando... no máximo dando indicações, e estas também são muito sutis.

Como lhe apontei, Buda é muito pé no chão. Ele nunca voa alto na metafísica; na verdade, ele nunca faz introduções, nunca faz prefácios para as suas afirmações. Ele as diz direta e imediatamente, da maneira mais simples possível. Às vezes suas afirmações não aparentam ser profundas, mas elas são; porém, ele não faz rodeios, não faz nenhum estardalhaço a respeito.

Eu ouvi dizer:

Ela era uma mulher graciosa e ele era um executivo bem-sucedido de uma famosa agência de publicidade. Todos achavam que eles formavam um belo casal, mas havia um problema... com respeito ao sexo. A lua de mel nem mesmo tinha começado. "Sendo um homem de propaganda", ela desabafou para uma amiga, "tudo o que ele faz toda noite é se sentar na beira da cama e me dizer o quanto vai ser maravilhoso!"

Mas nunca acontece!

Buda não faz prefácio, nunca anuncia o que vai dizer. Ele simplesmente o diz e segue em frente. Ele diz:

"Movidas por seus desejos egoístas, as pessoas vão atrás de fama e de glória, mas quando as obtêm, já estão atacadas pelos anos. Se você anseia fama mundana e não pratica o caminho, seus esforços são equivocadamente aplicados e sua energia é desperdiçada. É como queimar um palito de incenso. Não importa o quanto o aroma seja apreciado, o fogo que consome está queimando o palito."

Uma afirmação muito simples e verdadeira: "Movidas por seus desejos egoístas, as pessoas vão atrás de fama e de glória".

O que é um desejo egoísta? Na maneira budista de se expressar, um desejo egoísta é aquele que está baseado no eu. Normalmente,

na linguagem comum, chamamos um desejo de egoísta se ele for contra uma outra pessoa e você não se importar com os outros. Mesmo se ele prejudicar os outros, você segue em frente e satisfaz seu desejo. As pessoas o chamam de egoísta porque você não se importa com os outros, não tem nenhuma consideração por eles.

Mas quando Buda diz que um desejo é egoísta, seu significado é totalmente diferente. Ele diz que, se um desejo estiver baseado na ideia do *eu*, então ele é egoísta. Por exemplo: você doa dinheiro, um milhão de dólares para alguma causa, para que hospitais sejam construídos, escolas sejam abertas, para distribuir alimentos aos pobres ou para que remédios sejam enviados a partes carentes do país. Ninguém chamará esse desejo de egoísta.

Buda dirá que ele é egoísta se houver alguma motivação do eu. Se você estiver achando que, ao doar um milhão de dólares, ganhará alguma virtude e será recompensado no paraíso, esse é um desejo egoísta. Ele pode não ser prejudicial aos outros, e ele não é; na verdade, todos apreciarão a doação, as pessoas o chamarão de uma grande pessoa, de religioso, de virtuoso, de caridoso, de ter muito amor, compaixão, solidariedade... Mas Buda dirá que a única coisa que determina se um desejo é egoísta ou não é a sua motivação.

Se você doou sem nenhuma motivação, então não é egoísta. Se consciente ou inconscientemente houver alguma motivação oculta em algum lugar de que você ganhará alguma coisa a partir daí, aqui ou no outro mundo, então se trata de um desejo egoísta. Aquilo que vem a partir

do eu é um desejo egoísta; aquilo que vem como parte do ego é um desejo egoísta. Se você meditar apenas para engrandecer o seu eu, então se trata de um desejo egoísta.

Buda disse a seus discípulos: "Sempre que vocês meditarem, após cada meditação entreguem tudo o que obtiveram com a meditação, entreguem isso ao universo. Se você estiver em estado de plenitude, despeje-o de volta no universo e não o carregue como um tesouro. Se você estiver se sentindo muito feliz, compartilhe imediatamente. Não se apegue a isso, senão sua própria meditação se tornará um novo processo do eu. E a meditação suprema não é um processo do eu, mas um processo de entrar cada vez mais no não eu; ela é um desaparecimento do eu".

Buda diz: "Movidas por seus desejos egoístas, as pessoas vão atrás de fama e de glória, mas quando as obtêm, já estão atacadas pelos anos". Observe: você pode obter fama, glória, poder, prestígio e respeitabilidade no mundo. Mas o que você está fazendo? Você está consciente? Você está desperdiçando uma grande oportunidade, e por algo absolutamente sem sentido. Você está juntando lixo e desperdiçando seu próprio tempo, sua própria energia vital.

Ele diz: "Se você anseia por fama mundana e não pratica o caminho..." Buda sempre chama sua religião de "o caminho", *dhamma*, apenas "o caminho". E continua: "Não se preocupe com o objetivo; o objetivo tomará conta de si mesmo". Você simplesmente segue o caminho sem nem mesmo ter a motivação de alcançar nenhum objetivo, mas apenas pelo puro deleite de meditar, de orar, de amar, de ser compassivo, de compartilhar. Você pratica o caminho por puro deleite. Não que você vá obter algum lucro a partir dele; não faça dele um negócio.

A vida está passando rapidamente; a cada instante um momento precioso se foi e não pode ser recuperado. Buda diz: não o desperdice com tolices. A fama é uma tolice, é sem sentido, inútil. Mesmo que todo mundo o conheça, como isso pode deixar você mais rico? Como isso pode fazer com que sua vida fique mais plena? Como isso pode ajudá-lo a ser mais compreensivo, mais consciente, mais alerta, mais vivo?

Se você não estiver praticando o caminho, ele diz: "Seus esforços são equivocadamente aplicados e sua energia é desperdiçada. É como queimar um palito de incenso. Não importa o quanto seu aroma seja apreciado, o fogo que consome está queimando o palito".

A vida é assim, ela está queimando a cada momento. Você está sempre na pira funerária, pois a cada momento a morte está se aproximando mais, a cada momento você está menos vivo e mais morto. Então, antes que toda essa oportunidade seja perdida, Buda diz para atingir o estado do não eu. Então não haverá morte, não haverá infelicidade e não haverá o constante anseio por fama, poder e prestígio.

Na verdade, quanto mais vazio você estiver por dentro, mais você procurará a fama. Ela é um tipo de substituto. Quanto mais pobre você estiver por dentro, mais procurará riquezas; trata-se de um substituto para, de alguma maneira, entulhar você com alguma coisa.

Observo isso todos os dias: sempre que as pessoas têm um problema de relacionamento, imediatamente começam a comer muito. Sempre que sentem que seu amor está em crise, que não são amadas ou que não são capazes de amar, que algo bloqueou sua energia amorosa, imediatamente começam a se entulhar com coisas; elas ficam comendo. Por quê? O que elas estão fazendo com a comida? Elas se sentem vazias e esse vazio as deixa com medo. De algum jeito elas precisam enchê-lo com comida.

Se você estiver se sentindo feliz por dentro, não se importará com a fama; apenas pessoas infelizes se importam com a fama. Se você conhece a si mesmo, quem se importa se alguém conhece ou não você? Se você conhece a si mesmo, quem você é, então não há necessidade. Mas quando você não sabe quem é você, gostaria que todos soubessem quem é você. Você coletará opiniões, ideias das pessoas, e a partir dessa coleção tentará arranjar alguma identidade: "Sim, sou essa pessoa, os outros dizem que sou muito inteligente, então devo ser inteligente". Você não está seguro; se estivesse, por que se importaria com o que as pessoas dizem ou não dizem?

Você insiste em olhar nos olhos das pessoas para ver a sua própria face, pois você não conhece a sua própria face. Você mendiga: "Diga algo sobre mim, diga que sou belo, diga que sou adorável, diga que sou carismático, diga algo sobre mim!" Você já se observou mendigando? "Diga algo sobre o meu corpo, sobre a minha mente, sobre o meu entendimento; diga alguma coisa!"

Se alguém diz alguma coisa, imediatamente você se agarra a isso. E se alguém diz algo que seja chocante e esmagador, você fica com muita raiva; se a pessoa diz algo contra você, ela está destruindo a sua imagem; se ela diz algo a seu favor, ajuda a sua imagem a ser um pouco mais decorada, ela fica um pouco mais ornamentada, e você vai para casa feliz. Se pessoas o aplaudem, você fica feliz. Por quê?

Você não sabe quem é. É por isso que você fica procurando, perguntando às pessoas: "Quem sou eu? Diga-me!" Então você precisa depender delas. E a ironia disso é que essas mesmas pessoas não sabem quem *elas* são! Mendigos esmolando de outros mendigos. Eles vieram pedir esmolas para você, então há uma trapaça mútua.

Um homem encontra uma mulher e diz: "Que linda! Que divina!" E ela diz: "Sim, nunca encontrei um homem tão bonito quanto você". Essa é uma trapaça mútua. Você pode chamar isso de amor, mas se trata de uma trapaça mútua. Ambos estão querendo ter uma certa identidade à sua volta e ambos satisfazem o desejo do outro. As coisas irão bem, até que um dia um dos dois decide que já chega e começa a desfazer a trapaça. Então a lua de mel acaba, e começa o casamento. Então as coisas ficam desagradáveis e você pensa: "Essa mulher me enganou" ou "Esse homem me enganou". Lembre-se, ninguém pode enganá-lo, a menos que você esteja disposto a ser enganado; ninguém jamais enganou alguém, a

menos que este esteja disposto a ser enganado, esperando ser enganado.

Você não pode enganar uma pessoa que conhece a si mesma, porque não há como. Se você disser alguma coisa, ela vai dar risada e dirá: "Não se preocupe com isso; já sei quem eu sou. Você pode deixar de lado esse assunto e siga em frente com o que tem a dizer. Não se preocupe comigo, eu sei quem eu sou".

Uma vez que você tenha uma riqueza interior de vida, você não procura a riqueza, não procura o poder. Os psicólogos se deram conta de que, quando as pessoas começam a ficar impotentes, começam a procurar algum símbolo sexual para compensar. Se o homem fica impotente, então ele pode tentar ter o melhor carro do mundo, e este é um símbolo fálico. Seu próprio poder foi perdido, sua própria energia sexual se foi, e agora ele gostaria de ter um substituto. Enquanto ele estiver acelerando seu carro ao máximo, ele se sentirá bem, como se estivesse fazendo amor com sua companheira. A velocidade lhe dará a sensação de potência, e ele ficará identificado com o carro.

Os psicólogos observaram este fenômeno por muitos anos: as pessoas que têm algum complexo de inferioridade sempre se tornam ambiciosas. Na verdade, ninguém entra na política a menos que esteja profundamente enraizado no complexo de inferioridade. Os políticos são basicamente pessoas com complexo de inferioridade e precisam provar sua superioridade de alguma maneira; do contrário, não serão capazes de viver com o seu complexo de inferioridade. O que estou tentando mostrar é que tudo o que você não tem por dentro, você tenta acumular fora, como um substituto.

Se você não deixa escapar sua vida interior, você é suficiente em si mesmo, e somente então você é belo, e somente então você é.

Buda disse: "As pessoas se aderem tão cegamente às suas posses mundanas e às suas paixões egoístas a ponto de sacrificarem a própria vida. Elas são como uma criança que tenta comer um pouco de mel escorrendo na lâmina cortante de uma faca. A quantidade de mel não é suficiente para saciar seu apetite, mas ela corre o risco de ferir a língua".

Nada nesta vida é suficiente para satisfazer seus desejos, para satisfazer seu apetite. Este mundo é um mundo de sonhos, e nada pode satisfazer porque somente a realidade pode nos preencher.

Já observou? Você está com fome à noite e no sonho você vai à geladeira, abre a porta e come até não poder mais. É claro, de certa maneira isso ajuda, pois seu sono não é perturbado; senão, a fome não lhe deixaria dormir e você teria de acordar. O sonho cria um substituto, e você continua a dormir, sentindo: "Comi o suficiente". Você enganou seu corpo; o sonho é um tapeador. Pela manhã você ficará surpreso ao perceber que ainda está com fome, porque um banquete no sonho equivale a um jejum. Banquete e jejum no sonho são a mesma coisa, porque o sonho é irreal e não pode saciar sua fome. É preciso água para saciar uma sede real; a realidade, uma vida real, é necessária para satisfazer você.

Buda diz que você insiste em correr o risco de se ferir, mas nenhuma satisfação vem a partir desta vida. Talvez aqui e ali você sinta o sabor do mel, doce, mas muito perigoso e não satisfatório. E o mel está escorrendo na lâmina cortante da faca, há toda a possibilidade de você ferir a língua.

Observe tantas pessoas idosas: você nada encontrará, a não ser feridas; todo o ser delas nada mais é do que feridas e úlceras. Quando uma pessoa morre não se veem flores desabrochando em seu ser, mas simplesmente fétidas feridas.

Se uma pessoa realmente viveu e não foi enganada pelos seus sonhos e desejos ilusórios, quanto mais ela envelhece, mais bela ela fica; e em sua morte ela é soberba. Às vezes você pode cruzar um velho cuja velhice é mais bela do que sua juventude jamais foi. Então, curve-se diante desse velho, pois ele viveu uma vida verdadeira, uma vida de interioridade, uma vida "para dentro". Porque se a vida é vivida verdadeiramente, então você fica cada vez mais belo e uma grandeza começa a vir a você, uma graça; algo desconhecido começa a adejar à sua volta; você se torna a moradia do infinito, do eterno. Precisa ser assim porque a vida é uma evolução.

Se você não é mais jovem e se torna feio, isso simplesmente significa que, em sua juventude, você provou mel sobre muitas facas e se feriu, e agora sofrerá com essas feridas cancerosas. A velhice se torna um grande sofrimento, e a morte muito raramente é bela, porque muito raramente as pessoas vivem de verdade. Se uma pessoa realmente viveu como uma chama queimando intensamente, então sua morte será um fenômeno magnífico, uma beleza absoluta. Quando ela estiver morrendo, você perceberá sua vida incandescente, no seu máximo, no seu ótimo. No último momento, ela se tornará como uma chama; toda a sua vida se tornará um perfume concentrado nesse momento, uma grande luminosidade surgirá em seu ser. Antes de ir embora, ela deixará atrás de si uma lembrança.

Foi isso o que aconteceu quando Buda deixou o mundo; foi o que aconteceu quando Mahavira deixou o mundo. Nós não os esquecemos, não porque foram grandes políticos ou pessoas de muito poder; eles não eram ninguém, mas não podemos esquecê-los, é impossível. No que se refere à História, eles não fizeram nada; podemos praticamente omiti-los da História, deixá-los fora dela e nada será perdido. Na verdade, eles nunca existiram no curso principal da História e ficaram de lado, mas é impossível esquecê-los. Seus últimos momentos deixaram uma imensa glória à humanidade, seu último brilho nos mostrou nossas próprias possibilidades, nossas infinitas potencialidades.

VER PARA CRER

Buda sempre diz a seus discípulos: "*Ihi passiko*", o que significa "Venha e perceba!" Eles são pessoas científicas; o budismo é a religião mais científica sobre a terra. Por isso ele está a cada dia ganhando mais terreno no mundo. À medida que o mundo ficar mais inteligente, Buda ficará cada vez mais importante, e é inevitável que seja assim. Quanto mais pessoas vierem a saber sobre a ciência, mais elas se interessarão por Buda, pois ele convencerá a mente científica. Buda diz: "Tudo o que estou dizendo pode ser praticado. E não lhe digo: 'Acredite nisso', mas 'Faça a experiência, experimente, e somente então, se você mesmo sentir, confie'. Fora isso, não há necessidade de acreditar".

apagando a vela

É IMPORTANTE entender que houve apenas uma pessoa, Gautama Buda, que usou o nada, o vazio, para a experiência suprema.

Todos os outros místicos do mundo usaram a plenitude, a totalidade, como a expressão, a indicação da experiência suprema.

Por que Gautama Buda teve de escolher um termo negativo? É importante entender isso, e entender para o seu próprio crescimento espiritual, não por alguma razão filosófica. Eu não falo por razões filosóficas, e falo somente quando percebo que há alguma relevância existencial.

A ideia da plenitude, a ideia de Deus, a ideia da perfeição, a ideia do absoluto, do supremo. todos eles são termos positivos. E Gautama Buda ficava surpreso ao perceber a sagacidade da mente humana…

Os místicos inocentes usaram palavras positivas simplesmente porque essa foi a experiência deles. Por que se importar com a infelicidade, que não existe mais? Por que não dizer algo sobre o que está presente agora? Os místicos inocentes falavam com base em seu estado de ser. Mas ao longo dos séculos, a mente ladina de pessoas do mundo todo tirou vantagem disso.

Para a mente ladina, a ideia da plenitude e os termos positivos que a indicam se tornaram uma viagem do ego: "Eu preciso me tornar Deus,

atingir o absoluto, o Brahma, chegar à libertação suprema". O "eu" se tornou o centro de todas as nossas afirmações. E o problema é que você não pode fazer da experiência suprema um objetivo para o ego. O ego é a barreira, ele não pode se tornar uma ponte.

Assim, todos os termos positivos têm sido mal-usados. Em vez de destruírem o ego, tornam-se adornos para o ego. Deus se torna um objetivo, e você precisa atingir o objetivo. Você se torna maior do que Deus.

Lembre-se, o objetivo não pode ser maior do que você, o objetivo alcançado não pode ser maior do que aquele que alcança. Esse é um fato simples de entender.

Todas as religiões fracassaram por causa dessa inocência dos místicos.

Gautama Buda foi a pessoa mais culta, instruída e sofisticada a se tornar um místico. Não há comparação em toda a História. Ele pôde perceber em que ponto os místicos inocentes, sem saber, deram oportunidades para as mentes ladinas levarem vantagem. Para destruir seu ego e qualquer possibilidade do seu ego levar alguma vantagem, ele decidiu não usar nenhum termo positivo para o objetivo supremo.

Ele chamou o supremo de nada, vazio, *suniata*, zero. Ora, como o ego pode fazer do "zero" um objetivo? Deus pode ser transformado em um objetivo, mas não o zero. Quem quer ser um zero? Pois é exatamente isso que tememos ser; todo mundo está evitando todas as possibilidades de se tornar um zero, e Buda fez dele uma expressão para o supremo!

Sua palavra é *nirvana*.

Ele escolheu uma palavra imensamente bela, mas chocou todos os pensadores e filósofos ao escolher a palavra *nirvana* como a expressão mais significativa para a experiência suprema. *Nirvana* significa apagar a vela.

Outros místicos disseram que você fica preenchido com uma imensa luz, como se milhares de sóis juntos de repente nascessem dentro de você, como se todo o céu repleto de estrelas descesse e invadisse seu coração. Essas ideias são atraentes para o ego; o ego gostaria de ter todas as estrelas, se não dentro do peito, pelo menos penduradas no casaco em volta do peito. "Imensa luz"... o ego fica muito desejoso.

Para cortar as próprias raízes, Buda diz que a experiência é como se você fosse apagar uma vela. Havia uma pequena chama na vela dando uma luz tênue, mesmo ela se foi, e você é cercado por uma escuridão absoluta, por uma escuridão abismal.

As pessoas costumavam dizer a ele: "Se você insistir em ensinar essas coisas, ninguém o seguirá. Quem quer escuridão, uma imensa escuridão? Você é maluco... Você diz que a experiência suprema é a morte suprema. As pessoas querem vida eterna, e você está falando da morte suprema?"

Mas ele era muito coerente e você pode perceber que por 42 anos ele martelou sobre os gê-

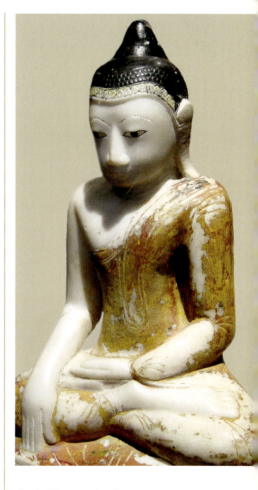

nios do Oriente sem jamais se comprometer com o ego. Ele também sabe que aquilo que chama de escuridão é muita luz, e é por isso que parece escuridão. Se mil sóis surgem em você, o que você acha? Que sentirá uma poderosa luz? Você sentirá uma imensa escuridão, será muito ofuscante. Olhe para o sol por alguns segundos e sentirá que está ficando cego. Se mil sóis estão dentro de você, dentro da mente, a experiência será de escuridão, e não de luz.

Levará muito tempo para você se acostumar, para seus olhos ficarem adaptados o bastante para enxergar a escuridão lentamente se transformando em luz, a morte se transformando em vida, o vazio se transformando em plenitude. Mas ele nunca falou sobre essas coisas, nunca disse que a escuridão se transformará em luz, nunca disse que a morte se tornará uma ressurreição mais adiante, pois ele sabe o quanto o ego é ladino. Se isso for dito, o ego dirá: "Então não há problema. Nosso alvo permanece o mesmo, apenas teremos que atravessar uma pequena noite escura da alma. Mas no final, teremos uma intensa luz, milhares de sóis".

Gautama Buda teve de negar a existência de Deus; não que ele fosse contra Deus, pois uma pessoa como Gautama Buda não pode ser contra Deus. E se Gautama Buda for contra Deus, então não será de utilidade para ninguém ser a favor de Deus. Sua decisão é conclusiva para toda a humanidade, ele representa nossa própria alma. Buda não era contra Deus, mas contra o ego, e constantemente era cuidadoso para não dar ao ego nenhum esteio para que ele continuasse existindo. Se Deus puder se tornar um esteio, então Deus não existe.

Uma coisa fica muito clara: embora ele usasse, pela primeira vez, todos os termos negativos, esse homem deve ter tido qualidades carismáticas imensas; ele influenciou milhões de pessoas. Sua filosofia é tal que qualquer um que o ouvisse poderia ter um "chilique". Qual é o sentido de todas as meditações e de todas as auste-

ridades, de renunciar ao mundo, de comer uma vez por dia, se no final você atinge o nada, torna-se zero? Já somos melhores do que isso – podemos ser infelizes, mas pelo menos *somos* alguma coisa. Quando você é um zero absoluto, certamente não pode haver nenhuma infelicidade; os zeros não são conhecidos como seres infelizes, mas o que se ganha com isso?

No entanto, ele convenceu pessoas, e não por meio de sua filosofia, mas por meio da sua individualidade, da sua presença. Ele deu às pessoas a própria experiência, de tal modo que elas pudessem entender. No que se refere ao mundo e ao ego, trata-se de um vazio; no que se refere ao ser, é plenitude.

Há muitas razões para o desaparecimento do pensamento de Buda na Índia, mas esta é uma das mais importantes. Todos os outros místicos, filósofos e videntes indianos usaram termos positivos. Por séculos antes de Buda, toda a Índia se acostumou a pensar somente no positivo; o negativo jamais foi ouvido. Sob a influência de Gautama Buda, eles o seguiram, mas quando ele morreu, seus seguidores começaram a desaparecer, pois não estavam existencialmente convencidos; eles estavam convencidos por causa de sua presença. Com os olhos de Gautama Buda, eles podiam ver: "Esse homem, se ele está vivendo no nada, então não há o que temer; adoraríamos ser nada. Caso ser um zero leve a isso, caso o fato de ser um nada faça com que tais botões de lótus desabrochem nos olhos e tal graça flua, então estamos prontos a ir com esse homem. O homem tem uma magia."

Mas só a filosofia dele não convencerá você, pois ela não tem atrativos para o ego.

O budismo sobreviveu na China, em Sri Lanka, na Birmânia, no Japão, na Coreia, na Indochina, na Indonésia... em toda a Ásia, exceto na Índia, porque o budismo que chegou a esses países abandonou os termos negativos. Eles começaram a falar em termos positivos, então o "supremo", "absoluto", o "perfeito"... os velhos termos retornaram. Essa foi a concessão. Dessa maneira, no que se refere a mim, o budismo morreu com Gautama Buda. Tudo o que existe agora como budismo nada tem a ver com Buda, pois ele abandonou sua contribuição básica, que era sua abordagem negativa.

Estou ciente de ambas as tradições e certamente estou numa posição melhor do que a posição em que Gautama Buda estava. Gautama Buda estava ciente apenas de uma coisa, de que o ego pode usar o positivo. E essa é sua grande contribuição, sua corajosa contribuição: ele abandonou o positivo e insistiu no negativo, enfatizou o negativo, sabendo perfeitamente bem que as pessoas não iriam seguir isso por não ser atrativo para o ego.

Para mim, agora ambas as tradições estão disponíveis. Sei o que acontece com o positivo: o ego o explora; e sei o que acontece com o negativo. Após a morte de Gautama Buda, os discípulos precisaram fazer concessões, concessões a respeito das mesmas coisas às quais Gautama Buda era contrário.

Então estou tentando explicar ambas as abordagens juntas: vazio no que se refere ao mundo, e plenitude no que se refere à experiência interior. Essa é uma abordagem completa, pois leva em consideração ambos: o que precisa

> *Se você pensar em termos do sagrado, encontrará sua vida transbordantemente repleta.*

ser deixado para trás e o que precisa ser obtido. Até o momento, todas as outras abordagens foram parciais. Mahavira, Shankara, Moisés, Maomé, todos usaram o positivo, e Gautama Buda usou o negativo. Eu uso ambos, e não vejo nenhuma contradição. Se você me entender claramente, então poderá desfrutar a beleza dos dois pontos de vista. E você não precisa ser explorado pelo seu ego ou ficar com medo da morte, da escuridão e do nada. Eles não são duas coisas diferentes. É como se eu colocasse um copo d'água à sua frente, meio cheio e meio vazio, e lhe perguntasse se o copo está cheio ou vazio. As duas respostas estariam incorretas, porque o copo está ambos, meio cheio e meio vazio. Por um lado ele está vazio e por outro lado está cheio.

Metade de sua vida é parte do mundano, e a outra metade é parte do sagrado. Precisamos usar a mesma linguagem para ambos, o mundano e o sagrado, o que é uma pena, mas não há outra maneira. Assim, a pessoa precisa estar muito alerta... Escolher o mundano seria perder algo muito essencial; se você pensar em termos do mundano, encontrará a vida sagrada vazia. Se você pensar em termos do sagrado, a encontrará transbordantemente repleta.

sobre o autor

Osho (1931–1990) é um místico contemporâneo cujos ensinamentos inspiraram milhões de pessoas de todas as condições sociais. Seus trabalhos, publicados em mais de 50 línguas, são transcrições de palestras feitas de improviso durante um período de 35 anos. Eles abrangem os assuntos mais variados, desde a busca pessoal da felicidade até as mais prementes preocupações sociais, políticas e espirituais da nossa época. O *Sunday Times*, de Londres, definiu Osho como um dos "1.000 construtores do século XX". Seus livros são best-sellers em muitas línguas e em muitos países. Outros títulos de Osho publicados pela Editora Cultrix:

A Descoberta do Buda (livro e baralho)
Consciência: A Chave para Viver em Equilíbrio
Tantra: A Suprema Compreensão
Tantra: O Caminho da Aceitação
Tao: Sua História e Seus Ensinamentos
Zen: Sua História e Seus Ensinamentos

"Ele cita Jesus, Buda, Mahavira, Lao Tzu, os Sufis e os antigos mestres do Zen com uma memória magnífica, interpretando-os com vigor e clareza como se eles estivessem falando hoje, como se estivessem usando jeans."
Die Zeit, Alemanha

"Osho é um dos mais notáveis oradores que já ouvi."
BERNARD LEVIN, *The Times*, Reino Unido

WEBSITE DO OSHO
Para maiores informações sobre Osho, consulte www.osho.com – um website em várias línguas, com informações sobre o autor, seu trabalho e o Osho Meditation Resort.